최고 인맥을 활용하는 35가지 비결

박춘식 장성철 지음

모아북스
MOABOOKS

최고 인맥을 활용하는 35가지 비결

1판 1쇄 인쇄 2006년 7월 25일
1판 2쇄 발행 2007년 8월 20일

지은이 · 박춘식 · 장성철 지음
발행인 · 이용길
발행처 · 도서출판 모아북스
관리 · 윤재현
영업마케팅 · 권계식
본문 디자인 · 이룸

출판등록번호 · 제10-1857호
등록일자 · 1999.11.15
등록된 곳 · 경기도 고양시 일산구 백석동 1332-1 레이크하임 404호
전화 · 0505-6279-784
영업기획 · 0505-6242-016
팩스 · 0502-7017-017
독자서비스 · moabooks@hanmail.net
ISBN 89-90539-43-9 03320

최고 인맥을 활용하는 35가지 비결

머리말

20세기 경제학의 거장 피터 드러커가 이런 말을 했습니다.

'〈생산적〉이라는 것이야말로 〈올바른 인간관계〉에 대한 단 하나의 타당한 정의' 라고 말입니다. 다시 말해 드러커는 무슨 일을 하든 간에 우리는 어느 누군가와 반드시 관계를 맺어야 하는데, 그것이 그저 함께 시간 보내기, 얼굴 마주대하기 정도로 성과 없이 끝나 버린다면 그들이 주고 받았던 유쾌한 웃음이나 농담조차 일종의 기만이라고 생각했습니다.

조금 냉혹하게 들릴지 모르지만 인간관계는 서로가 서로에게 이득을 주어야만 합니다. 그러나 그것이 단순한 경제적 이익만을 의미하는 것은 아닙니다. 그저 만나면 언제나 웃음을 주는 사람, 힘을 북돋아주는 사람, 따끔하지만 진실어린 충고를 해주는 사람, 이 모두가 '이득을 주는 인간관계' 입니다. 그리고 그러한 인간관계의 바탕에는 서로에 대한 신뢰와 더불어, 이왕이면 이 사람과 함께 성공하고 싶다는 동지 의식이 자리 잡고 있습니다.

그렇다면, 바쁘게 돌아가는 일상의 쳇바퀴…… 이 안에서 당신은 어떤 모습인지 감히 묻고자 합니다. 매일같이 만나는 얼굴, 나누는 이야기들, 그 안에서 과연 당신은, 어떤 '결과'를 얻어내고 있습니까?

전화번호부에 저장된 수백 개의 이름들, 책상 서랍 가득히 쌓여 있는 명함들, 그 중에 당신이 어려울 때 힘을 줄 수 있는 사람은 과연 몇이나 될까요?

혹자는 그런 이야기를 합니다. 만일 당신이 알고 지내는 사람이 100명이라면 그 중에 인맥이라 부를 수 있는 사람은 절반인 50명뿐이며, 그 중에서도 나를 진심으로 도와줄 수 있는 사람은 반의 반도 되지 않는다고 말입니다.

그렇습니다. 어떤 측면에서 바라보면 현대 사회는 인맥의 홍수 시대입니다. 그래서 가끔은 이중에 진정한 친구이자 동료라고 말할 수 있는 사람이 몇이나 될까 외로움에 휩싸이기도 합니다. 그럴 때, 일에서도 행복에서도, 서로에게 도움이 될 수 있는 사람을 만난다는 것은 분명 행운일 것입니다. 결국 이 인맥은 우리 삶을 풍요롭게 하는 동시에 우리가 원하는 사회적, 개인적 성공을 결정하는 가장 중요한 요소인 셈입니다.

　여기서 또 하나 우리가 잊지 말아야 할 것이 있습니다. 좋은 인맥은 결코 알아서 다가와주는 것이 아닙니다. 금이 나오는 금광의 맥도, 시원한 물 한 바가지 마실 수 있는 우물도 공들여 파야 나오는 차에, 세상에서 가장 귀하다는 인맥을 만드는 일이 쉽기만 하겠습니까?

　언제 어디서나 나의 삶에 신선한 힘을 주는 진정한 인맥!

　그것은 전화번호부나 주소록, 명함에 있지 않습니다. 땅을 파려면 좋은 곡괭이를 구해야 하고, 또 그 곡괭이 자루를 단단하게 잘 잡아 쉽게 지치지 않도록 해야 합니다. 그리고 이 한 권의 책이, 인맥이라는 커다란 땅파기를 시작하는 당신에게 큰 힘이 되어줄 것입니다.

　　　　　　　　　　　　　　　저자 **박춘식 , 장성철**

차 례

제3장 인맥 만들기의 실전

- 성공을 위해 나만의 브랜드를 만들어야 한다

제4장 정보화시대의 디지털 인맥술

- 변화 자체를 수긍하고, 이에 적극적으로 대응해가려는 노력이 필요하다.

제5장 성공의 열쇠, 인맥관리 비법

- 인맥을 얻는 것보다 중요한 것, 바로 얻은 인맥을 잘 관리하는 것이다.

Part 1

제 1 장

인맥 만들기의 기초

- 인생에서 실력은 종이 한 장 차이다.

- 인맥이 성공을 결정한다.

나는 과연 '인맥 체질' 인가?

이 두 종류의 사람은 세상에서 절대로 출세하지 못한다.
하나는 명령에 순종하지 않는 사람이요,
다른 하나는 오직 명령한 것만을 순종하는 사람이다.

- 카티스

인맥을 만들고 싶다고 원하기에 앞서 그보다 먼저 당신 자신이 인맥을 구축할 수 있는 '자질' 이나 '소질' 을 가지고 있는지를 확인해 보는 것이 좋다. 지금까지의 생활관점을 토대로 당신이 과연 인맥을 구축할 수 있는 라이프스타일, 비즈니스 스타일을 유지해 왔는지 여기에 준비한 체크 리스트를 보고 확인해 보기 바란다.

좋은 인맥 만들기 위한 첫 출발, 나의 인맥 점수는?

① 학창시절의 친구와는 졸업 후에 전화를 하거나 만나는 경우가 드물다.

② 비슷한 세대의 사람만 상대한다.

③ 이성친구가 없다.

④ 만남의 최종목적은 '돈벌이' 라고 생각한다.

⑤ 어렸을 때부터 별명이 없었다.

⑥ 다른 사람과의 대화내용은 비즈니스 문제뿐이다.

⑦ 읽는 책은 비즈니스 관련서적뿐이다.

⑧ 휴일에는 집에 있는 경우가 많다.

⑨ 잔업 하는 것을 좋아한다.

⑩ 자기계발을 위해 소중한 돈을 쓰는 것이 낭비라고 생각한다.

⑪ 영화나 연극을 보는 것은 1년에 5번 이하다.

⑫ 정보망은 텔레비전, 신문, 잡지뿐이다.

⑬ 신문은 한 가지밖에 보지 않는다.

⑭ 자신은 항상 바쁘다고 생각한다.

⑮ 사외활동이야말로 가장 중요하다고 생각하며, 사내의 직원들은 별 볼일 없다고 생각한다.

⑯ 사내활동이 가장 중요하다고 생각하며, 사외활동은 전혀 하지 않는다.

⑰ 사람과 만나면 이야기를 듣는 것보다는 말하는 것을 좋아한다.

⑱ 명함은 회사에서 만들어 준 것밖에 없다.

⑲ 일을 할 때 자신의 판단보다는 다른 사람(상사)의 평가를 적용시키는 편이다.

⑳ 무슨 일에서든 주역, 중심이 되지 않으면 마음이 편하지 않은 성격이다.

15개 이상 : 지금까지 삶에서 '인맥 만들기'가 매우 어려웠을 것이다. 이런 분들은 이 책을 처음부터 끝까지 최소한 세 번은 읽기를 바란다.

10~14개 : 이 책을 두 번 정도는 읽도록 한다. 평범한 수준이라고 말할 수 있는 타입이다.

20개라는 사람도 있을 것이다. 그러나 안심해도 된다. 자신에게는 인맥 만들기의 재능이 없다고 포기해서는 안 된다. 이 책은 그런 사람이라도 충분히 인맥 만들기의 '달인'이 될 수 있도록 꾸며져 있으니까. 중요한 것은 비결을 파악하는 것이고 그것은 그렇게 어려운 일이 아니다. 지금까지는 비결을 몰랐으니까 인맥을 만들지 못했던 것이다.

그렇다면 지금부터 인맥만들기 비결을 습득해보자.

인생의 백년 계획을 세워라

모든 것은 젊었을 때 구해야 한다.
젊음은 그 자체가 하나의 빛이다.
빛이 흐려지기 전에 열심히 구해야 한다.
젊은 시절에 열심히 찾고 구한 사람은 늙어서 풍성하다.

-괴테

백년 계획을 세우는 순간, 인맥지도가 바뀐다

제품에도 틀이나 견본이 있듯이 사람에게도 이상형이 있다. 다이어트 경험이 있는 사람이라면 몇 킬로그램을 뺄 경우, 배는 어느 정도, 뺨은 어느 정도 들어가게 되는지 구체적인 이미지를 그릴 수 있을 것이다.

이것은 먼 미래로부터 현재라는 방향이 아닌, 현재부터 미래로 향하여 상세하게 그려보는 것이다. 단순한 꿈이나 바람으로 끝나게 하지 말고 확실하게 실현할 수 있도록 계획을 세워야 한다. 말하자면 인생의 계획표가 되는 것이다. 경영으로 비유하면 사업계획에 해당한다. 인생의 스케줄이라고 표현해도 좋다. '이 단계, 이 나이가 되면 이런 모습이 되고 싶다. 그 사람의 수준까지 도달하고 싶다. 올 연말까지 어느 나라에 가고 싶다' 는 식의 목표다. 당신이 현재 25세라면 75년분, 즉 100년 계획을 세운다. 40세라면 앞으로 60년분의 계획을 세워 보는 것이다.

이 100년 계획을 만드는 순간부터 당신의 발상, 사고가 바뀔 것이다. 습관이 바뀌고 행동이 바뀌고 성격이 바뀔 것이다. 그리고 인생이 바뀔 것이다. 인맥이 바뀌는 것도 하루가 다르게 인식하게 될 것이다. 인맥을 활용해서 인생이나 비즈니스의 이상을 실현시키기 위해 노력하자는 것이 여기에서의 목적이다.

당신이 현재 25세인 비즈니스맨이라면 35세까지는 A씨를 모델로 하고, 35~45세까지는 B씨를, 55세까지는 C씨, 65세까지는 D씨라는 식으로 현재의 수준으로 모델패턴을 작성해 보자.

그리고 30세를 넘게 되면 다시 한 번 그 단계에서 새로운 모델패턴을 작성하는 것이다. 결코 서두를 필요는 없다. A씨도 B씨도 그 시대에 살았기 때문에 그렇게 되었던 것이다. 즉 당신과는 시대가 결정적으로 다르다. 그들은 어디까지나 모델일 뿐이다. 그러니까 어느 순간에 당신이 그 모델을 앞질러 있는 경우도 있을 수 있다.

이런 프로그램을 작성하는 동안에 깨닫는 것이 있을 것이다.

첫째, '나' 는 '나' 다.
둘째, 다른 사람의 진도는 '나' 와 상관없다.

이런 깨달음을 통해서 잠자고 있던 거인은 눈을 뜨게 되는 것
이다.

수시로 자신의 인맥을 업그레이드하라

남도 그대만큼 할 수 있는 일이라면 하지 말라.

남도 그대만큼 할 수 있는 말이라면 말하지 말라.

오직 그대 자신 속에 존재하는 것에 충실하라.

그렇게 함으로써 그대 자신을 없어서는 안 될 존재로 만들라.

-앙드레 지드

당신은 과연 어느 정도의 인맥을 갖고 있는가? '이 사람은 인맥이고 저 사람은 인맥이 아니다' 라는 식으로 수첩에 기록해 보면, '이렇게 적었던가' 하고 놀라게 될지도 모른다. 실제 인맥은 당신이 셈한 숫자의 절반 이하가 정확하지 않을까 생각한다. 예를 들어 100이라면 50명, 그리고 50명이라면 25명 정도를 인맥으로 보아야 할 것이다.

명함을 꺼내들고 보았을 때 '나는 기억하는데 상대는 과연 날 기억할까', '만나보면 기억날지 몰라도 오래 전에 담당이 바뀌어서 얼굴은 잘 생각나지 않는다' 싶다면 이런 것들은 인맥이 아니다. 대체로 직장 샐러리맨의 경우 회사 대 회사로서의 만남이 일반적이기 때문에 상대에게 당신은 '담당자'라는 정도의 인식밖에 없는 것이다.

인맥에도 공적, 사적인 인맥이 있다

인맥에는 공적인 인맥과 '낚시 동료'나 '레저·골프 동료' 처럼 사적인 인맥이 있다. 그리고 양쪽 모두 해당되는 인맥도 있다.

인맥은 나름대로 성격이 있는데, 공적인 인맥은 공적인 성격이 강하고 사적인 인맥은 사적인 성격이 강해 나름대로 모두 중요한 인맥이라 할 수 있다.

흔히 "나는 소심한 성격이기 때문에 인맥을 만들 수 없다", "나는 소극적인 성격이기 때문에 사람들이 모여들지 않는다"라고 한숨을 내쉬는 사람이 있다. 나의 경험으로 볼 때 인맥이 있을 것이라고 판단이 되는 사람은 두 가지 타입이다. 하나는 '원래부터 사람들과 잘 어울려 노는 적극적인 타입'이고 또 하나는 '소심하고 얌전하며 틀어박혀 있기를 좋아하는 소극적인 타입'이다. 후자에 속하는 사람에게도 분명히 인맥은 있다.

인맥관계의 저서를 꽤 많이 출간한 S씨도 필자 관점에서 볼 때는 매우 소극적인 타입에 속한다. 실제로 그와 만나보면 말도 없고 얌전할 뿐 아니라 자기 자신을 거의 드러내지 않는다. 하지만 그도 엄연히 전국 비즈니스맨의 모임을 조직화시켜서 그 리더역을 맡고 있는 존재이다. 잠자코 있어도 주위에 사람이 모여드는 것이다.

차분히 생각해 보면 알 수 있는데, 나서기 좋아하고, 다른 사람 말도 제대로 듣지 않는 시끄러운 사람에게 사람들이 모여들 리가 없다. 소극적이라 해도 성실한 것이 최고다. 성실하고 정이 많으며 신사적인 사람이라는 것만으로도 충분한 것이다. 사람을 애정으로 대하는 사람에게 인맥은 모여든다.

인맥을 만들 수 있는 사람이라면 반드시 사내에서도 주목을 받을 것이고 일처리도 잘하는 뛰어난 인재가 될 수 있다.

인재들의 5가지 공통점

1. 생체조직의 단점을 발견해 내는 능력 있는 '의사'

회사나 작품을 보았을 때 어느 곳에 문제점이 있는지 감각적
으로 발견해 내는 안테나를 가져야 한다.

2. 교양이 풍부한 '학자'

교양은 사람의 됨됨이를 가늠케 한다. 교양을 쌓지 않으면
경험이 뛰어난 키맨에게 절대로 맞설 수 없다.

3. 장래를 확실하게 간파할 줄 아는 '역술가'

'올해는 어떻게 될 것이다'라는 감각적인 예지력을 포함해
세계의 정치' 경제, 금융, 에너지 문제에 이르기까지 폭넓은
의견과 예지력(분석력)을 가져야 한다.

4. 주위의 분위기를 부드럽게 만드는 '예술가'

이것이 없으면 주위에 사람이 모이지 않는다. 즐거운 화제,

놀이 정보, 또 놀이에 관한 이벤트도 동시에 전개해 나가야
한다.

5. 끊임없이 연출해 내는 '배우'
임기응변으로 대처할 수 있는 기획력, 표현력, 교섭능력을 쌓
기 위한 훈련에 열중해야 한다.

　이 요소들은 모든 지혜와 열의와 경험의 결과이기도 하다.
그러나 무리라고 포기하지 말고 자신 있는 부분부터 연습을
해 실력을 쌓도록 하자. 이 정도의 능력을 갖춘 인재에게 매
력을 느끼지 않는 키맨은 없다.

인맥은 내 주변에서부터 시작된다

일은 미리 준비함이 있으면 성공할 수 있고 준비함이 없으면 실패한다.

말은 미리 생각하는 바 있으면 실수가 없다. 일은 사전에 계획이 있으면

곤란이 없고, 행동은 미리 목표가 서 있으면 후회가 없다.

또한 미리 목적지가 서 있으면 막히는 일이 없다.

-〈중용〉

흔히 인맥이라고 하면 우리는 학연이나 혈연 · 지연만을 떠올린다. 물론 학연 · 지연 · 혈연은 여러 종류의 인맥 중 가장 중요하고, 막강한 영향력을 행사한다. 문제는, 이런 인맥에만 관심을 가질 때 다양한 인맥 만들기의 가능성을 미리 포기할 수도 있다. 계발 가능한 모든 인맥을 계발해야 인맥이 구성된다는 당연한 원칙을 인식해야 한다.

한 사람을 둘러싸고 있는 인맥의 종류는 무척 다양하다. 학연 · 지연 · 혈연은 기본이고, 각종 이익단체 · 입사동기모임 · 연구

모임·취미서클·종교인맥·군대인맥 등 여러 가지가 있다. 이런 각각의 인맥은 서로 특징이 다르기 때문에 만남에서도 다르게 접근할 필요가 있다.

당당하게 출신학교를 밝히고 숨은 인맥을 찾아 나서자

학연은 평생의 인맥이다. 경계를 풀지 않던 비즈니스 파트너가 동문이라는 사실 하나 때문에 긴장을 풀고 무릎을 맞대고 앉는다.

학연은 대개 초·중·고·대학동문으로 구성된다. 여기에 대학원 혹은 유학시절 동창들까지 포함될 수 있다. 문제는 이미 자신도 모르는 많은 동문들이 사회에 진출해 있다는 사실이다.

당당하게 출신학교를 밝히고 숨은 인맥을 찾아나서자. 혈연도 가장 소중한 인맥의 하나다.

학연에는 가족의식이 작용한다. 이는 그동안 전혀 몰랐던 사람과도 한순간 통할 수 있는 계기가 된다.

학연은 우연한 도움을 얻는 낮은 단계로부터 한 회사의 운명을 좌우하는 조직적인 단계로 발전하기도 한다. 경기고 출신이 주축을 이룬 대우그룹이 대표적이다.

학연은 인간관계가 복잡다양하게 전개되고 있는 현대사회에서 혈연에 이어 가장 소중하게 취급되어야 할 인맥 중 하나이다.

먼 사촌보다 가까운 이웃이 낫다

'먼 사촌보다 가까운 이웃이 낫다' 는 말이 있다. 지연을 통해 맺어지는 인맥의 중요성을 잘 나타내 주는 말이다. 서울에서 태어나 서울에서 자란 사람에게는 이런 의식이 희박하다. 지연이란 주로 같은 지방 출신으로 다른 지역에 살고 있는 사람들끼리 맺어지게 되는 것이 상례이다.

그렇지 않아도 지역감정으로 온 나라가 몸살을 앓고 있는데, 지역주의를 강화하라고 주장하는 것은 아니다. 편협한 지역주의와 지연활용의 가장 결정적인 차이는 '더불어 살기' 에 있다. '더불어 살기' 는 이익을 지키기 위해 맺어지는 이해관계와 거리가 멀다. 개인의 이익에 집착하지 않는 정과 의리는 결코 지역의 이익에만 집착하는 지역주의로 발전하지 않는다.

우리나라에서 대표적인 지연으로 이북출신의 향우회, 아파트 부녀회 등이 있다. 이런 조직은 고향사람들과 맺어지는 지연조직과는 색다른 특징이 있다. 언어지는 정보나 이익도 직접적이고 즉각적이다. 개인의 생활이 철저히 보호되고, 이웃간의 교류가 사라진 현대사회에서 아파트 부녀회 같은 조직은 의식적으로 첨

가해 볼 만한 제2의 지연인 셈이다.

물보다 진한 혈연 인맥

혈연은 같은 피를 나눈 인간관계를 말한다. 그런데 최근 혈연을 우습게 아는 풍조가 있다. 어떤 사람은 사촌혈연은 이미 주어진 인맥인데 신경 쓸 것 뭐 있냐고 말하기도 한다. 하지만 혈연도 만들어 가는 인연으로, 노력에 따라 8촌도 중요한 인맥이 될 수 있다는 것을 명심해야 한다.

혈연에는 갖가지 모임이 있는데 가장 대표적인 것이 '종친회'다. 그곳에서 발행되는 종보(宗報)는 종친회의 소식지로, 특히 사업을 하는 사람은 이를 활용해 볼 수 있다.

그밖에 계를 들 수 있는데, 경제적 상부상조를 목표로 활동하는 것이 좋다. 혈연관계에 있다고 해도 만남의 계기가 없으면 가깝게 사귀기 어렵기 때문이다.

지연 · 혈연보다도 강한 결속력을 지닌 입사동기 인맥

입사동기생은 입사한 기업에서 처음 마주치게 되는 인간관계다. 이는 후천적인 지연 · 혈연 · 학연과 같은 선천적 인간관계처럼 푸근한 정을 느끼게 한다. 입사 초기에 겪는 어려움을 함께 하는 동안 정이 들기 때문이다.

동기회는 사내 인맥 네트워크를 만드는 데 큰 힘이 된다. 부서가 다른 동기생, 지방으로 발령난 동기생 등 여러 곳의 동기생과 인맥을 만들어 두면 사내 정보를 수집하는 데 최대의 무기가 된다.

하지만 입사동기생 사이에는 피할 수 없는 알력이 존재한다. 바로 승진을 눈앞에 두면 협력자에서 라이벌로 변한다. 즉, 어떤 측면에서는 지연·혈연보다도 강한 결속력을 보이지만, 승진이라는 현실적인 문제에서는 라이벌로 돌변할 수밖에 없다.

입사동기를 라이벌에서 파트너로 만드는 인맥술

첫째, 동기생과의 인맥형성은 가급적 빠른 시기에 한다.

'동기의식'은 입사 직후 연수할 때 가장 고조된다. 그러나 승진을 거듭할수록 경쟁은 치열해진다. 그때 동기의식에 호소하는 것은 어리석은 일이다. 따라서 동기생과 인맥을 형성하는 것은 빠르면 빠를수록 좋다.

둘째, 작은 이익을 탐하기보다는 평생의 친구로 대하라.

젊은 시절의 입사동기생은 불황이나 감원 등 회사생활을 함께한 사람으로, 이후 전직이나 전업을 하고자 할 때도 첫 회사에서 맺었던 인맥은 중요한 역할을 한다. 이런 귀중한 인맥을 몰라보고 작은 이익을 탐해 동기생을 저버린다면 평생의 친구를 버리는 것과 같다. 입사동기생은 같은 문제를 가지고 같이 고민하는 사람들이라는 눈으로 보자.

05

인맥 만들기의 제1원칙, '모임을 통해 접촉을 강화한다'

끝없이 전진하기 위해서는 자신을 가치있는 이라고 믿어야 한다.

그리고 많은 것을 받아들여야 한다.

또한 자신이 큰일을 할 수 있다고 믿어야 한다.

그러면 당신의 계획을 실현하게 될 것이다.

-나폴레온 힐

　　최근 사회생활을 하는 사람들을 중심으로 연구모임이 확산되고 있다. 원래 목표인 전문분야 학습은 물론, 두터운 인맥을 형성할 수 있기 때문이다. 정보화시대인 21세기의 연구모임은 미래를 준비하는 좋은 대비책이 될 수 있다.

　　연구모임에는 정보에 관한 요구가 강한 사람들이 몰려든다. 현재의 처지에 만족하지 않고, 무언가 새로운 것을 바라는 사람들이 대부분이다. 자연히 의견개진이 활발하게 이루어질 수 밖에 없다. 이 과정에서 혼자서는 해낼 수 없는 높은 수준의 인식이 가능해진다. 소위 말하는 시너지(synergy) 효과다. 개인적 관심으로 도서관을 기웃거리는 것과는 차원이 다르다.

연구모임은 정기적으로 이루어진다. 즉, 접촉이 잦아진다. 공부를 목적으로 모이면 1주일에 한 번씩 정기적으로 만나게 된다. 다른 어떤 모임보다도 접촉의 빈도가 높다. 게다가 많은 수가 아니라서 친밀감도 높다. 충실한 인맥을 굳히기에 알맞은 규모다.

현대사회의 특징 중 하나는 변화의 속도가 무척 빨라졌다는 데 있다. 이전에는 100년에 걸쳐 변화한 것이 요즘은 하루 만에 변하고 있다. 이런 시대에는 무엇보다 재충전이 필요하다. 학창시절에 배운 것으로 평생을 살아갈 수는 없다. 연구모임은 이러한 필요를 충족시켜 줌과 동시에 우수한 인맥을 만들어 간다는 점에서 제2의 학연이라고 할 만하다.

취미를 통한 인맥

업무에 시달리다 보면 아무리 좋은 동료 상사라도 싫어질 수 있다. 딱딱한 일 속에서 만나기 때문이다. 그러나 취미서클은 이러한 문제점을 해결해 준다.

취미서클의 장점을 살펴보면 다음과 같다.

1. 같은 사람이라도 취미활동 속에서 만나면 달라 보인다.
2. 처음 만난 사람이라도 급속히 친해질 수 있다.
3. 정기적으로 만남으로써 '접촉을 강화하라'는 인맥관리의 제1원칙이 자연스럽게 지켜진다.

비즈니스맨이라면 우선 자신이 속해 있는 단체에서 운영하는 취미서클에 관심을 가져보자. 취미서클을 운영하는 데 드는 비용의 상당액을 자신이 속해 있는 단체가 지원하기 때문에 경제적으로 부담이 적으며, 자신의 존재를 알리는 유효한 방법이다.

종교인맥은 불가능도 가능케 한다

상명하복이 생명이라는 군대에서도 그 계급 구조가 무시되는 관계가 있다. 각 종교의 사목들은 소령 혹은 중령계급장을 달기도 하지만 이는 형식적인 것에 불과하다. 특히 사병들의 세계란 장교보다 더 계급에 충실한데도 교회나 사찰의 일을 맡아보는 사병은 그가 비록 이등병이라도 함부로 대하지 않는다. 종교가 갖는 초월적인 특성이 이러한 파격을 가능하게 하기 때문이다.

불가능해 보이는 일까지도 극복할 수 있는 힘, 이것은 종교인맥만이 가진 특성이다.

종교인의 인간관계는 인간 대 인간의 대면적 관계라기 보다는 믿음의 세계 안에서 정신적 지주를 통한 집단적 관계이다. 믿는다는 조건이 같으면 인간관계가 쉽게 맺어진다. '속세의 인간들이 행하는 계약이나 계산'이 개입할 여지가 적다.

비즈니스에서도 종교인맥은 때때로 무시할 수 없는 큰 힘을 발휘한다.

현재 기독교에서는 개신교와 천주교를 합해 전 국민의 31퍼센트가 신자라고 주장한다. 불교에서는 약 2,000만 명이 신자라고 말한다. 이것이 사실이 아닐지라도 국민의 과반수 이상이 종교를 갖고 있는 것만은 확실하다. 한국인 만큼 종교적인 민족이 없다고 말하는 사람도 있다. 우리나라에서 종교인맥은 누구나 함께 할 수 있는 무한한 인맥의 결정체다.

단체는 인맥의 보고(寶庫)다

개개인이 원자화(原子化)한 현대사회에서 한 사람의 목소리는 아주 작다. 그래서 공동으로 대처할 문제가 생길 때 사람들은 자발적으로 단체를 결성하기도 한다.

인맥관리의 관점에서 볼 때 단체는 독특한 의미가 있다.

단체는 공동의 목표를 위해 서로 다른 직업에 종사하는 사람들이 모인 인맥의 보고다.

지연·혈연은 선천적인 것인데 비해 단체는 성인이 된 이후 자신이 선택하는 바에 따라 임의로 가입할 수 있다. 한마디로 말해 인맥을 인위적으로 넓혀갈 수 있는 것이다. 인맥관리의 입장에서 단체가 중요한 이유도 바로 여기에 있다.

단체활동은 다른 사람과 함께 취미도 즐기고, 우리 사회의 이슈에 대해 거침없는 토론을 벌임으로써 나이와 직업의 차이를 넘어 인간관계가 깊어져 간다.

모임을 통한 5가지 인맥술

1. 다른 업종에 근무하는 사람들을 대상으로 교제한다.

서로 다른 직업에 종사한다는 사실만으로 이들은 서로에게 호기심을 보인다.

2. 모임장소에서 가까운 사람들만 대상으로 한다.

일하는 곳과 모임장소가 너무 떨어져 있으면 불참하게 된다. 그러므로 모임장소에서 택시로 5분 거리에 있는 사람들만을 대상으로 하는 것이 바람직하다. 대신 모임 약속에 5분만 늦어도 무조건 벌금으로 일정액을 징수한다.

3. 1시간이 지나면 무조건 모임을 끝낸다.

회사에서 갑자기 회식약속이 잡히더라도 '급한 일이 있어 1시간만 다녀오겠다' 는 핑계를 댈 수 있도록 모임시간은 1시간 정도 갖는다.

4. 1주일에 한 번은 꼭 모임을 가진다.

모임 약속을 하루 당기거나 늦추는 한이 있어도 1주일에 꼭 한번은 모임을 갖는다.

5. 지나치게 방만한 모임이 되지 않기 위해 '테마' 방식으로 모임을 갖는다.

이를테면 '이번 한 달은 뉴미디어를 중심으로 책을 읽자' 라고 결정하고, 한 달 동안 관련 도서를 집중적으로 읽는다.

06

개성 있는 자기 PR을 준비하라

오랫동안 땅에 엎드려 있던 새가 한번 날기 시작하면 높이 난다.

사람도 힘을 기르는 기간이 길면 길수록 한번 일어선 후에는

힘차게 활동하게 된다. 먼저 핀 꽃은 먼저 진다. 남보다 먼저 공을 세우려고

조급하게 서둘지 말라. 사업의 생명이 오래 유지되려면

준비기간도 그만큼 길어야 한다.

-〈채근담〉

파티나 모임에 참가하면 반드시 해야 하는 것이 자기소개다. 그 중에는 서로를 소개하는 모임도 있지만 이것은 서로를 잘 아는 멤버끼리의 모임일 경우다.

자기소개를 어떻게 하느냐에 따라서 그 모임이 중심인물이 되느냐 그렇지 않느냐가 정해진다.

모든 사람에게 관심의 대상이 되는 인물은 그들에게 이익을 줄 수 있는 인물이거나 재미있고 매력적인 인물이다. 물론 회사의 매력, 직함의 매력도 무시할 수 없다. 이것은 비즈니스 사회에

서 매우 중요한 요소이기 때문이다.

하지만 그런 것과 관계없이 스타가 되는 사람이 있는 것도 사실이다. 파티에서 자기소개를 잘 하는 사람이 여기에 해당된다. 정해진 시간 안에 전해야 할 정보를 확실하게 전하는 것이다. 거기에 유머를 섞을 수 있고 자기가 원하는 것을 자연스럽게 전달할 수 있다면 나무랄 데가 없다.

어떤 사람은 쓸데없는 이야기만 장황스럽게 늘어놓아서 분위기를 가라앉게 만드는 경우도 있는데 이래서는 주위 사람들에게 '저 사람은 일도 제대로 하지 못할 거야', '사내에서도 별 볼일 없는 사람일 거야' 라는 인상만 심어 주게 된다. 결국 자기소개를 한 것이 역효과를 불러일으킨 셈이다.

앞으로 파티에 참가하게 되는 일이 있다면 사람들이 어떤 식으로 자기소개를 하는지 잘 관찰해 보도록 하자. 가능하면 인상에 남는 키워드나 어구는 배우도록 하는 것이 중요하다.

결혼식에서의 인사나 축사 등도 많은 참고가 된다. 재미있는 사람, 형식에만 얽매여서 분위기를 가라앉히는 사람 등 이야기를 듣는 것만으로도 그 사람의 생활이나 일에 대한 능력을 파악할 수 있다. 다른 사람이 인사를 하는 시간은, 공부를 할 수 있는 시간이라고 인식하고 진지하게 들으면 생생한 연설을 배울 수 있는 기회가 될 것이다.

　여기에서 자기소개를 잘하는 사람의 노하우를 약간 소개해 보기로 한다.

① 분명하게 말한다.

　우물거리지 않는다. 사투리도 상관없다. 사투리는 창피한 것이 아니다. 오히려 분위기를 부드럽게 만들어 주기 때문에 호감을 얻을 수 있다.

② 자세를 똑바로 한다.

　흐트러진 자세를 취하는 것은 피하도록 하는 것이 좋다. 바른 자세로 예의를 갖추며 이야기를 해야 한다.

③ 자신만의 키워드, 어구를 갖는다.

　어느 원자력 관계 회사에서 일하고 있는 K씨는 항상 '파리의 등불 중에서 3분의 2는 원자력' 이라고 강조했다. 그러던 중, 상황이 변하자, '기력, 체력, 그리고 원자력' 으로 말을 바꾸었다. 일과 관련 있는 자기의 선전문구를 사용하는 것도 멋진 발상이다.

④ 시간을 잘 활용하라.

카네기 연구소에서 공부를 할 때 자기소개연습의 중요성을 뼈에 사무치게 배웠다. 몇 번인가 시험해 본 적이 있었다. 교수가 스톱워치를 손에 들고 정확하게 시간을 재는 것이다. 조금이라도 지나치게 되면 그것으로 끝, 더 이상 말을 할 기회를 주지 않았다. 시간이 남을 경우에는 다음 사람에게 그 시간이 넘어가는데, 다음 사람은 갑자기 자기의 시간이 늘어난 탓에 당황하는 경우가 많았다. 자기에게 주어진 시간은 확실하게 활용할 줄 알아야 한다.

⑤ 평상시에 연습을 해 둔다.

자기소개는 대개 1분, 3분, 5분 정도니까 평상시에 자기소개 시간에 따른 연습을 해 두는 것이 좋다. 모든 사람이 집중적으로 당신을 주목하는 것은 자기소개를 하는 시간뿐이다. 연습을 되풀이해 둘 충분한 가치가 있다.

⑥ 처음에는 재미있는 이야기, 도움이 되는 이야기로 시작 힌디.

필자는 한동안 만남이나 유머에 흠뻑 빠졌던 시기가 있었다. 자기소개를 할 때는 첫 부분이 매우 중요하기 때문에 거기에 대입

하려는 생각에서였다. 처음의 20초 정도로 사람들은 모든 것을 판단한다. 처음의 20초가 매력적이라면 나머지 부분도 신경을 써서 들어준다. 하지만 첫 부분이 시시하다면 눈은 이쪽을 바라보고 있어도 귀는 당신의 말을 듣지 않는 것이다.

⑦ 그날의 신문은 반드시 체크한다.

이것은 석간이라도 마찬가지다. 특히 효과적인 것은 저녁이나 밤의 파티에서 석간신문의 정보를 약간 다루는 것이다. 그래서 사람들의 관심을 순간적으로 자기 쪽으로 모을 수가 있다. 그러니까 파티나 모임에 참석할 때에는 반드시 그날의 마지막 매스미디어 정보를 한 번쯤 훑어보고 참석하도록 하자.

07

연출하듯이 이미지를 관리하라

현대는 연출의 시대다. 단순히 있는 사실을 말하는 것으로는
남의 마음을 사로잡지 못한다. 그것을 생생하고 재미있게
극적인 것으로 만들어내야 한다. 말하자면 영화나 방송이 연출자의 손을 빌리는 것
처럼 당신도 이 방법으로 주목을 끌어보는 것이 좋다.

-데일 카네기

나만의 이미지 관리법

먼저 고려할 것은 자신이 현재 하는 일에서 자신이 보여줘야 할 이미지는 어떤 것인가를 생각해 보는 일이다. 자신이 정치가인가, 비즈니스맨인가, 세일즈맨인가, 전문직 종사자인가에 따라 나타내야 할 이미지도 다르다.

자신에게 필요한 이미지가 파악되었다면 다음에 할 일은 현재 자신이 보여주고 있는 실제 이미지이다. 여기에서 중요한 것은 내가 나를 어떻게 생각하느냐가 아니고 다른 사람이 현재 나를

어떻게 생각하느냐이다. 다른 사람이 느끼는 자신의 이미지를 자신은 10%도 모르는 경우가 태반이기 때문이다. 따라서 이는 실제 조사를 통해 객관적으로 이루어져야 한다. 털어놓고 이야기할 수 있는 사람에게 부탁하는 방법이 제일 좋다. 물론 대상은 여러 사람이어야만 한다.

자신이 생각하는 이미지는 다른 사람이 자신에 대해 느끼고 있는 이미지와 크게 다를 수 있다. 자신이 생각한 것보다 더 좋게 나타났다면 상관없지만; 원치 않은 이미지가 있다면 바꿔나가야 한다. 따라서 그 다음에 할 일은, 왜 이런 차이가 나타났으며, 그 차이를 메우기 위한 방법은 무엇일까라며 고민하는 것이다.

첫인상의 힘은 막강하다

필자는 첫인상을 믿고 있다. 즉, 처음의 인상으로 모든 것을 결정해 버리는 것이다.

이 방식으로 많은 사람을 오해했을 테지만 앞으로도 이 방식을 바꿀 생각은 없다. 나는 내 삶에 수많은 사람과 만나는 동안 터득한 첫인상에 대한 나의 판단을 매우 중시한다. 진지하게 살아오면서 체득했던 나의 직감을 존중하고 싶다. 만약 판단이 틀렸다면 나중에 고치면 되는 것이다.

처음 대면하는 사람을 볼 때, 나는 정면으로 바라보지 않는다. 뒷모습부터 본다. 그래서 만난 사람은 반드시 배웅한다. 그 뒷모습을 보고 싶기 때문이다.

당연히 나의 첫인상에도 신경을 쓰고 있다. 명함을 특이하게 만들거나 FAX, 엽서 등을 활용하는 이유도 이런 생각이 바탕에 깔려 있기 때문이라고 생각한다.

그렇다고 첫인상을 최고로 만들기 위해서 과장을 하라는 것은 아니다. 굳이 과장할 필요는 없다. 상대방이 잘못 보지 않도록 자연스럽게 행동하라는 것이다.

그렇게 하기 위해서는 다음과 같이 행동해야 한다.

첫인상을 좋게 하기 위한 노하우

① 외모에 신경을 쓴다. 센스도 중요하다.

② 화제를 풍부하게 갖도록한다. TV, 신문의 화제만으로는 너무 빈약하다.

③ 정치, 경제 흐름에 관심을 두어야 한다. 이것은 필수조건이다.

④ 너무 굳은 인상은 감추려 해도 들통나게 되므로 균형감각을 갖는다.

⑤ 자금 준비도 중요하다. 연극을 보거나 해외여행을 가는 등, 이런 것들은 모두 자금이 없으면 불가능하다.

첫인상이란 한순간에 이루어지는 것이 아니다. 품성, 지성, 덕성의 모든 균형이 잡혀야 좋은 인상을 줄 수 있는 것이다. 그러니까 첫인상이 좋은 사람들을 만나면 그들에 대해 자세히 연구해 볼 필요가 있다. 사람에게는 공통점이 몇 가지는 있게 마련이다.

첫인상이 좋은 사람들의 몇 가지 공통점

① 품위가 있다.
② 침착하다.
③ 무엇이든지 잘 알고 있다.
④ 겸손하다.
⑤ 아랫사람에게도 예의가 바르다.
⑥ 솔직하고 명랑하며 긍정적인 사고를 가지고 있다.
⑦ 자세가 안정되어 있다.

지금까지 만난 키맨들 중에서 첫인상이 좋았던 사람들에게 공통되는 부분들이다.

당신이 키맨과 만날 약속을 하게 되었다고 가정하자. 동경하던 사람과 만날 수 있게 되었으니까 기뻐하는 것이 당연한 일이겠지만, 실제로 만났을 때 너무 허술하게 보이면 모든 것이 물거품이 된다. 키맨과는 자주 만날 수 있는 것이 아니다. 그러니까 최소한 지금 열거한 첫인상의 중요함을 인식하고 한 번의 만남에서 상대를 확실하게 붙잡을 수 있도록 노력하자.

그리고 젊은 사람에게 가장 중요한 포인트는 '솔직하고 밝은 플러스 발상'으로 상대를 대해야 한다는 것이다. 이 점을 주의해서 만나면 된다. 나머지 항목은 앞으로 시간을 들여서 더욱 숙성시키면 되는 것이다. 무리는 하지 말라. 억지행동은 마이너스가 된다. 가능한 범위 안에서 자연스럽게 상대를 대하는 것이 중요하다.

08

신용을 쌓으면 인맥은 저절로 형성된다

요령 있게, 있는 그대로 말하라. 남들을 정직하게 대하는 것은
그들을 존중한다는 뜻이자, 자신을 존중한다는 뜻이기도 하다.
게다가 정직은 일을 훨씬 더 간단하게 만들어준다.

-앤드류 매튜스

인생에서나 일에서나, 혹은 연애를 포함해, 당신 주위에서 일어나는 모든 일에 대해 성공과 실패의 열쇠를 쥐고 있는 것, 바로 인맥이다. 왜냐하면 혼자만의 힘으로 이루어낼 수 있는 일은 한정되어 있기 때문이다.

문제나 프로젝트가 크면 클수록, 많은 사람과의 만남을 통해 도움을 받지 않는다면 원활히 진행되지 않는다. 반대로 말하면, 성공을 원한다면 많은 사람의 지원을 받을 수 있는 시스템을 만들어야 한다. 이것은 매우 중요한 일이다.

경영자들은 이 사실을 너무나 잘 알고 있기 때문에 많은 강력한 지원자를 원한다. 사원교육에 열심인 것도 바로 그런 이유 때문이다.

당신이 '인맥이 필요하다'고 생각하는 이유는 자신을 지원해 줄 동료가 필요하기 때문이 아닐까. 실제로 좋은 인맥을 가지고 있으면 모든 일이 잘 풀린다. 인맥은 그만큼의 힘을 가지고 있다.

아마 당신이 지금의 직업을 선택한 것도 궁극적으로는 인맥이 결정적인 영향을 미쳤을 것이다. 당신은 자신의 능력으로 결정했다고 말할지도 모르지만, 따지고 보면 인맥이라는 사실을 깨닫게 될 것이다.

취직이란, 상대방의 입장에서 보면 전혀 모르는 사람을 동료로서 받아들이는 일이다. 상대가 당신에게 "좋습니다. 같이 일해 봅시다"라고 말해 준 것은, 당신이 가지고 있는 뭔가에 매력을 느꼈기 때문이다.

흔히 있는 사례로, '그놈의 정 때문에' 번번이 약속을 어기는 고향 친구와는 계속 만날 수는 있어도 '그놈의 정 때문에' 이자도 갚지 않는 이에게 돈을 꿔줄 사람은 아무도 없다.

목표를 설정해 그 분야의 인맥을 구축하라

인간은 재주가 없어서라기보다는
목적이 없어서 실패한다.

-월리엄 A 빌리 선데이

부자가 되려면 부자들과 교제해야 한다

부자를 비아냥거렸던 사람은 나중에 부자가 되기 힘들 것이다. 부자를 그렇게 싫어하면서 자기 스스로 부자가 될 수는 없을 테니 말이다.

부자들은 '돈'이 아니라 '돈 버는 일'을 좋아한다.

흔히 성공하려면 자신이 좋아하는 일을 하라고 한다. 그래야 시너지 효과가 생겨서 정말 잘하게 되고 성공도 할 수 있다는 것이다. 부자들도 마찬가지다. 우리는 으레 부자라고 하면 돈만 알고 부(富)에 집착하는 스크루지 영감을 떠올리지만, 정작 부자들은 돈보다는 돈 버는 '일'을 즐거워하고 또 그 분야에 재능이 있었을 뿐이다.

빌 게이츠와 함께 세계 2대 부자로 꼽히는 워렌 버핏은 타고난 장사꾼이었다. 초등학교도 들어가기 전부터 아버지가 준 용돈으로 껌을 사서 낱개로 파는 장사를 시작했다고 한다. 또한 억만장자가 된 후에도 검소한 생활로 잘 알려져 있으며 부자가 되는 길은 신용카드를 안 쓰는 것이라고 말하기도 했다.

벌기만 하고 호화롭게 쓰지는 않았던 워렌 버핏은 사람들이 왜 돈을 쓰지 않느냐고 물으면 다음과 대답했다고 한다.

"돈을 쓰는 것보다 돈을 버는 게 더 재미있기 때문이다."

그는 돈 자체가 아니라 돈 버는 '일'을 좋아했던 것이다.

미국의 톰스 스텐은 그의 저서 '백만장자의 정신'에서 백만장자 1,300명을 대상으로 연구 조사한 '백만장자의 공통점'을 발표했는데, 그 내용은 우리가 가지고 있던 부자들에 대한 오해를 조금은 씻어 주었다.

백만장자의 공통점
첫째, 백만장자가 된 사람들은 모두 꿈이 있었다.

그들은 자신이 처한 현실에 안주하지 않고 더 큰 미래에 대한 비전을 바라보고 노력했다.

둘째, 백만장자가 된 사람들은 기본기에 충실한 삶을 살았다.

돈을 벌기 위한 특별한 비결, 성공을 위한 특효 방책이 따로 있는 것이 아니라, 자신의 꿈을 이루기 위해 원칙대로 노력한 결과 성공을 거두었다.

부자에 대한 막연한 적대감과 오해가 우리의 마음을 부정적으로 만들고 부자가 될 수 있는 가능성의 싹을 잘라 버린다.

우리 속담에 "친구 따라 강남 간다"는 말이 있다. '부모 따라 강남 간다' 는 말이 없는 것을 보면 친구의 영향이 큰 모양이다. 그러니 부자 부모 못 만난 것을 원망하지 말고 적극적으로 나서서 부자 인맥을 만들어 보도록 하자.

인맥은 '나'를 발견하는 일에서 시작한다.

　　인맥은 기계적으로 넓히는 것이 아니라 자연스레 퍼져 나가는 것이다. 그리고 그 주체가 되는 것은 어디까지나 '나' 자신이다. 지피지기면 백전백승이라는 말이 있듯이, 참다운 나를 발견하고 멋진 '나'를 향해 나아간다면 이미 준비는 90퍼센트 이상 끝났다고 해도 과언이 아니다.

　　*가장 멋진 '나'를 만들기 위한 다섯 가지 원칙

　　1. 호기심은 인간관계와 자기계발의 가장 큰 원동력이 다. 지칠 줄 모르는 호기심을 가져라.

　　2. 전문가의 말도 중요하다. 그러나 세상에 같은 의견 을 가진 사람은 드물듯이 주변 사람들의 다양한 의견에도

늘 귀를 기울여야 한다.

3. 모두가 '예'라고 말할 때, "아니오"라고 말할 수 있는 용기가 변혁을 가져온다. 다수의 의견에 주눅들지 않고, "이런 점은 잘못입니다"라고 말하도록 힘써 보자.

4. 돛이 튼튼하면 배는 흔들리지 않는다. 공부와 독서를 통해 나날이 복잡해지는 정치와 경제 등에서 자신만의 확고한 원칙을 세우자.

5. 유행은 어디까지나 흘러가는 것이다. 내가 믿고 의지하는 바를 추세에 휘둘리지 않는다.

Part 2

제 2 장

성공적인 인맥 만들기의
핵심 포인트

- 뛰어난 인물이 되려면,

누구와 교제해야 할 것인지를 깊이 숙고해야 한다.

10

인맥은 정보화 사회의 최대 무기다

모방은 누구나 할 수 있지만

남보다 먼저 개혁하는 것은 아무나 할 수 없다.

-콜럼부스

인맥이 많은 사람은 인맥의 중심에 서 있다

인맥활동에서 네트워크적 관점을 가진다는 것은 무엇인가.

어떤 조사에 의하면, 인간이 평균적으로 관리하는 인맥의 수는 500명이라고 한다. 아무리 애를 써도 이 숫자를 획기적으로 늘리는 것은 불가능하다. 인맥관리를 위해 투자하는 시간에는 한계가 있기 때문이다.

상대방의 인맥을 나의 인맥처럼 활용하면 적은 투자로 인맥을 획기적으로 늘릴 수 있다.

이렇게 하면 500명이란 개인적인 한계를 뛰어넘어 인맥을 무한대로 확장할 수 있다.

위대한 세일즈맨이라는 칭호를 얻은 미국의 자동차 세일즈맨 죠 지라드, 그는 구두닦이로 시작하여 40여 직업을 전전한 후 새로 시작한 건축업에서 그야말로 쫄딱 망해 도망다니다가 세일즈의 세계에 뛰어들었다. 그의 학력은 고등학교 중퇴. 게다가 이탈리아의 시칠리아에서 이민 온 가난한 생활보호대상자의 아들이었기에 '배경'도 '줄'도 없는 사람이었다. 그러나 그는 기네스북에 십 년 동안이나 세계 최고의 세일즈맨으로 기록되었다. 그의 비결은 1대 250법칙이었다. 한 사람과 사귀면 그 사람에게는 250명의 친구가 있다는 뜻이었다. 그는 이 법칙을 활용하여 세일즈계의 살아 있는 전설이 되었다.

이 사람의 경험은 특별한 것이 아니다. 기존의 피라미드적 인맥관리방식을 네트워크적 인맥관리방식으로 바꾼 것이다.

특히 인맥이 많은 사람과 자주 접촉할 필요가 있다. 인맥이 많은 사람은 인맥의 중심에 서 있기 때문이다. 그 사람 주위를 보면 사람과 정보가 모인다. 따라서 우선 자신이 인맥의 중심이 될 수 없다면 인맥이 많은 사람과 접촉하여 그 사람과 인맥을 맺는 것이 중요하다. 열 사람을 사귀는 것보다 이런 사람과의 관계를 돈독히 해두는 것이 오히려 유리할 때가 있다.

인맥의 인맥까지 활용하는 네트워크 인맥

네트워크 인맥은 분명 획기적인 발상이다. 아무리 보잘 것 없는 학벌과 경력의 소유자라도 휴먼 네트워크 마인드를 가지면 양질의 인맥을 형성할 수 있다. 좋은 조건에서 출발한 사람이라면 지금보다 훨씬 우수한 인맥을 자랑할 수 있다.

그러나 관점을 바꾼다고 해서 무조건 네트워크 인맥이 구축되는 것은 아니다. 발상의 전환 만큼이나 마인드의 전환이 필요하다. 바로 공존과 공영 마인드를 몸에 익히는 것이다.

'다른 사람이 나를 위해 일하게 한다'는 발상. 이것이 가능하기 위해서는 인맥관리의 마인드가 바뀌어야 한다. 다른 사람과 함께 나아간다는 생각, 다른 사람과 함께 이익을 얻겠다는 생각이 전제되어야 한다. 소위 말하는 포지티브 섬(positive sum)이다. 서로가 이익을 얻는 것이다.

인맥활용이란 다른 사람이 가진 재주나 기술을 빼앗는 것이 아니다. 이런 식의 이기적인 관점으로 인맥을 관리했다가는 인맥 확장은 불가능하다. 서로 돕고 산다는 것. 이것은 네트워크 인맥을 가능케 하는 기본적인 마인드이다. 동시에 네트워크 인맥이 지향하는 궁극적인 목표이기도 하다. 인맥활용을 '빽'을 동원하는 것으로 오해하는 사람은 절대로 이해할 수 없을 것이다.

'give and take' 로 살아남는다

끝나버리기 전에는 무슨 일이든
불가능하다고 생각하지 말라.

-키케로

인맥은 서로가 빛날 수 있도록 갈고 닦는 것이다

인간관계는 쓸모없는 시간낭비가 아니라 인간 대 인간의 관계다. 그러기 위해서는 사리사욕이 없는 정신을 갖지 않으면 길게 지속할 수 없다. 사회생활보다 인간생활(인생) 쪽이 시간적으로도 더 길다. 사회활동을 소중하게 생각하는 것이 중요하다. 네트워크는 give and take가 대원칙이다.

키맨과의 인간관계의 구축도 마찬가지이다.

'그 사람이라면 틀림없어. 회사에는 손해를 입힐지 몰라도 우리를 배신하지는 않을 거야' 라는 신뢰감을 심어줄 수 있기 때문에 인맥을 형성할 수 있는 것이다.

인맥은 가로로 퍼져나가는 것이라고만 인식하고 있는 사람이 많은데 이것은 잘못된 생각이다.

인맥은 세로로 뻗어나가는 것이다

실제로 인맥은 세로로 뻗어나가면서 종류에 따라 조금씩 가로로도 퍼져나가는 것이다. 그러니까 세로로 깊은 인간관계를 맺은 뒤에 가로로도 넓게 퍼져나갈 수 있도록 노력을 하면 인맥은 점점 넓어지고 두터워질 것이다(이 두터움을 늘려서 더욱 두텁게 된 지점이 자기의 특기 분야가 된다). 다음에 다른 분야와 유기적으로 연계가 되어 혼합기능을 가지게 되면 가치관에 다양성이 형성되기 때문에 판단의 확실도가 더욱 높아진다.

이렇게 해서 모든 방위에 걸쳐 인맥이 넓어져 가는 것이다.

당신이 인맥활동을 하고 있으면 어느 단계부터는 모임에 초청을 받아 갔을 경우에 그곳에 모여 있는 사람들이 모두 아는 사람이라는 현상이 발생할지도 모른다. 이것이 인맥의 사슬이다.

현대 사회는 인재는 부족하고 사람은 남아도는 시대이니까 사적인 네트워크를 통해서 알게 된 인맥을 보물이라고 표현할 수 있다.

보물은 사용하는 것이 아니라 갈고 닦는 것이듯 인맥도 서로가 빛날 수 있도록 갈고 닦아야 한다.

또한 인맥이란 시간과 돈은 물론이고 많은 신경을 써야 비로소 형성된다. 따라서 소중하게 다루어야 한다.

사적인 네트워크의 인간관계만큼은 give and take로 대응하는 것이 좋다. 인생의 대차대조표를 보면 은혜를 입은 것은 유동부채이지만 이것을 유동자산이 되도록 해서 은혜로 갚을 것을 생각하는 것은 인간의 자연스런 행동심리에 달려 있다는 것을 알 수 있다. 비즈니스라면 서로의 이익을 위해서 행동하는 것이기에 항상 동등하지만, 비즈니스와 관계 없는 인간관계의 경우에는 그렇지 않다. 받으면 주어야 하는 것이다. 자기의 인맥에게는 give and take로 대응해야 한다.

12

인맥 지도는 자신의 인생 설계도다

행복과 지혜 사이에는 다음과 같은 차이가 있다.
즉, 자기 자신을 이 세상에서 가장 행복한 사람이라고 생각하면
정말 그대로 되지만 자신을 이 세상에서 가장 지혜로운 사람으로 본다면
가장 큰 바보가 되는 것이다.

-찰스 칼렙 콜튼

　　당신이 단지 비즈니스맨이라면 기업에 있는 동안만이 활동기간이 되겠지만 기나긴 인생 여정에서는 평생토록 자신이 주인이 되어야 한다. 그러므로 자신이 무엇을 위해 살고 있는 것인지 그 존재 의의를 분명하게 깨달아야 할 필요가 있는데 바로 그런 것을 깨닫게 해주는 것이 '인맥'이다.

　　인맥은 자신의 인생을 설계할 때 가장 강한 장점을 발휘한다.

이 점을 젊어서 깨닫는 사람, 정년이 지나서 깨닫는 사람, 죽을 때까지 전혀 깨닫지 못하는 사람 등 여러 종류가 있는데 언제 깨닫느냐에 따라서 각각 살아가는 방식이 전혀 다르다.

자신의 장점을 깨닫는 것은 약점을 발견하는 것에서부터 시작된다. 갑자기 역설적인 이야기가 되어 버렸지만 이것은 진실이다.

영어회화의 저서도 많이 출판한 평론가 D씨도 취직시험을 보았을 때에는 영어회화에 그다지 자신이 없었던 듯하다. 그러나 면접에서 "영어회화는 어떻습니까?"라는 질문을 받았을 때 가슴을 펴고 "자신 있습니다"라고 대답했다고 한다. 그리고 입사할 때까지 완전하게 마스터했다는 것이다. 이런 식으로 반드시 하지 않으면 안 되는 상황까지 자기를 몰아넣는 것도 좋은 방법이다.

무엇보다 중요한 것은 언제 시작하느냐이다. 난관에 빨리 부딪히면 부딪힐수록 지혜를 짜내어 그것을 예방하는 것도 빨라질 것이다. 난관에 부딪히는 것이 두렵다고 도망만 다녀서는 아무리 시간이 지나도 해결되지 않는다. 행동은 두려움을 지배한다. 시간은 천재에게든 바보에게든, 또는 부자에게든 가난한 사람에게든 평등하게 주어진 것이다.

그러나 자기의 목표나 이상을 명확하게 파악한다는 것은 그렇게 간단한 일이 아니다. 여기에는 올바른 현상인식이 필요하다. 다음의 공식을 알아두자.

이상적인 이미지(갖추어야 할 모습)—현상(지금의 자신)=과제(이상적인 이미지를 갖추기 위해서는 무엇을 해야 하는가)

이 공식(=로 연결되어 있으니까 정확하게는 항등식)은 절대적이다. 모든 과제발견에 응용할 수 있다.

예) '인맥을 넓히고 싶다'고 생각하는 사람이 있다고 가정해 보면 다음과 같다.

이상 : 인맥을 지금의 두 배로 넓히고 싶다.

현상 : 소극적인 성격의 신입사원이다.

과제 : 이래서는 안 된다! 이 책을 읽도록 하자.

항등식이기 때문에 이상이 작다면 과제도 작아진다. 마찬가지로 이상이 크다면 과제도 많아지는 것이 당연하다. 단 여기에서 중요한 점은 이상이 크고 작은 문제가 아니라 과제를 얼마나 달성해야 이상을 실현시킬 수 있는지를 스스로 인식할 수 있느냐 없느냐 하는 것이다.

13

수직적 인맥에서 보다 많은 것을 얻을 수 있다

뛰어난 인물이 되려면
누구와 교제해야 할 것인지를 숙고해야 한다.

-그라시안

첫째, 영향력 있는 사람을 발굴하라

당신이 어떤 사업을 시작하고 싶다고 생각할 경우 무엇이 필요할까?

우선 자금(돈)이다. 하지만 이것은 은행에 있다.

기술(물건)은? 기술을 팔려고 하는 것이니까 당연히 가지고 있을 것이다. 만약 없다면 그것을 가지고 있는 곳과 손을 잡으면 된다.

정보? 그런 건 어디든지 있다.

사업을 시작할 때 가장 중요한 요소는 사람이다. 즉, '사람, 물건, 돈, 정보'라고 몇 가지를 열거하기는 하지만 가장 중요한 핵심은 사람인 것이다. 스폰서가 출자를 하는 경우에 가장 주의할 점은 담보와 사람이다. 여기에서 사람이란 그 사업을 담당하는, 영향력 있는 사람이다.

둘째, 영향력 있는 사람을 소개받아라

일반적으로 직장에서 윗사람과 대화하는 것은 마음이 편치 않다고들 한다. 직장상사의 경우는 더욱 그렇다. 상사가 자신의 인사고과에 관여하는 사람이라는 생각이 그런 현상을 부채질하기도 한다. 함부로 말을 할 수도 없고, 그렇다고 아무 말 안 하자니 눈치 보이고……. 그래서 아예 피하는 것이 상책이라고 생각하는 사람도 있다. 심지어 화장실 갔다 오는 길에 마주칠까 봐 일부러 멀리 돌아가는 사람도 있다.

수직적인 관계를 관리하는 것은 쉽지 않다. 동료를 만나는 것보다 어른 만나는 것을 더 즐기는 사람은 없다. 누구나 어려운 자리는 피하고 싶어한다. 그러나 반드시 알아두어야 할 것이 있다. 만약 회사원으로서 상사와의 인간적인 교제를 피할 때, 당신의 인맥관리는 밑바닥 수준을 크게 벗어나지 못할 것이라는 사실이다.

수직적 관계에서는 수평적 관계에서보다 많은 것을 얻을 수 있다. 그래서 관심을 기울여야 한다.

어느 정도 성공한 사람은 이제 막 일에 뛰어든 사람보다 인맥이 넓게 마련이다. 회사 내에서 과장은 과장 수준의 인맥을, 부장은 부장 수준의 인맥을, 사장은 사장 수준의 인맥을 보유하고 있다. 따라서 그들과 사귄다는 것은 광활한 인맥의 바다로 나아가는 것과 같다.

수직적 관계는 자신으로서는 접근도 불가능한 인맥을 '한 다리 거쳐' 손쉽게 접할 수 있도록 돕는다.

물론 이것이 가능하기 위해서는 수직적 관계 역시 잘 관리해야 한다. '평소에 잘해야' 결정적일 때 도움을 받을 수 있는 것이다. 정보입수도 마찬가지다. 수직적 인맥에서 흘러나오는 정보는 가치가 높을 경우가 많다.

셋째, 최고실력자와 친해져야 한다

어떻게 해야 모임에서 화려하게 얼굴을 알릴 수 있을까?

모임에서 얼굴을 넓힐 수 있는 상식적인 방법은 일의 성과다. 새로운 기획이나 새로운 사업의 담당자라면 당연히 주목받기 쉬울 테지만 굳이 그런 위치가 아니더라도 다른 부서와의 접촉을 늘리는 것만으로도 충분히 얼굴을 넓힐 수가 있다. 반드시 회사 일 때문이 아니더라도 사람들과 만나는 시간을 늘리는 것이 중요한 포인트다.

인맥계발의 원칙은 '거리는 시간과 반비례한다.' 즉, '만남의 시간이 늘어나면 늘어날수록 그 사람과의 인간적 거리는 가까워 진다.'

가까워지면 내 편이 되어 주는 것이 당연한 일이다. 상대가 내 편이 되면 더욱 소중하게 대해야 한다. 이 점에 주의하면서 인 맥형성에 뛰어들어 보자. 그렇게 하기 위해서도 각종 이벤트에 가능하면 참가하는 것이 좋다.

이것들은 모두 예상 밖으로 예의를 중시하지 않는 경우가 많 다. 물론 예의를 중시하지 않는다고는 해도 인간으로서 최소한의 상식이 필요한 것은 당연한 일이지만 회사의 경영진들과 쉽게 만 날 수 있는 것도 바로 이 기회다. 대기업이라면 사장과 직접 이야 기를 할 수 있는 경우가 거의 없다. 그런 경우에 외부와의 네트워 크가 형성되어 있는 사람은 강할 수밖에 없다.

"전에 OO 회사의 사장님이 이런 말씀을 하시던데요"라는 식 으로 사장님에게 넌지시 말을 걸어 보면 "그런 말을 했나? 그런데 자네가 어떻게 그 사람을 알고 있지?"라며 적잖게 놀랄 것이다.

더구나 당신이 젊은 직원일 경우에는 더욱 깊은 인상을 심어줄 수 있다.

'각종 이벤트 참여는 최고실력자와 친해질 수 있는 좋은 기회이다.

모임에서 최고 실력자와 친해지지 않으면 모임 밖에서 최고 실력자와도 친해지기가 어렵다. 이 점도 인식해 두는 것이 좋다. 그들은 재계활동이나 회합 등으로 만날 기회가 많기 때문이다.

① 언제든지 만나 주고 전화도 받아 준다.

② 상담에 적극적으로 응해 준다.

③ 개인적인 일로 만나서 술잔을 기울이는 경우도 있다.

④ 충고를 해주거나 단점을 지적해 준다.

⑤ 대상에게 도움이 될 사람을 소개해 준다.

14

인맥이 또 다른 인맥을 부른다

> 현명한 사람은 기회를 찾지 않고,
>
> 기회를 창조한다.
>
> -프란시스 베이컨

주변의 가까운 인맥부터 치밀하게 관리하라

인맥을 구축하는 경우 현재 자신이 서 있는 위치를 떠나 멀리 있는 인맥을 찾기 위해 시간과 정력을 낭비할 필요는 없다.

'천리길도 한 걸음부터'라고 하지 않았는가. 현재 근무하고 있는 직장, 교제하고 있는 친구 등 가까이 있는 사람들부터 끈끈한 인맥을 만들어 나가자. 예를 들면 직장인이라고 해서 하루 종일 책상 앞에 앉아 사무만 보는 것은 아니다. 외근을 나갈 때도 있고 점심시간에 잠시 외출할 수도 있다. 특히 영업에 종사하는 사람은 거의 대부분의 시간을 밖에서 보낸다. 외출할 기회는 얼마든지 만들 수 있다.

점심시간을 이용하여 친구들과 점심을 같이 하면 어떨까? 점심이 끝난 뒤에는 다른 친구를 찾아가 커피를 마시자.

가까운 사이일수록 자주 접촉해야 한다

꽃을 보살피는 심정으로 인맥을 구성해야만 늘 생생하게 살아 숨쉰다. 자주 연락하고, 신경을 써야만 유지되고 발전한다. 당장 필요하지 않다 해서 관심을 기울이지 않는다면 인맥은 시들게 마련이다.

인간관계는 얼굴을 마주하는 횟수에 따라 그 정도가 깊어지는 법이다. 친한 사람의 사무실이 주위에 있는데도 잠깐 들리기가 귀찮아서 그냥 돌아올 때, 점심 한 번 같이 먹을 때가 되었는데도 귀찮아서 연락을 하지 않을 때 인맥이란 서서히 시들어간다. 인맥을 새로 만드는 것도 중요하지만 기존의 인맥을 확실히 관리하는 것도 그에 못지않게 중요하다. 인맥의 유지는 곧 확장인 것이다.

정치 세계에서는 자기가 모시는 사람으로부터 "자네 왜 요즘 뜸한가?"라는 소리를 들으면 정치를 포기해야 한다는 말이 있다.

인맥을 잘 맺고 활용하는 것이 정치인의 주요한 비즈니스인 만큼
이 말은 매우 의미깊게 이해해야 한다.

가까운 사이라고 해서 관리를 하지 않는다면 기본적인 인맥
마저도 잃어버리게 된다.

시간적으로나 공간적으로 자주 접촉할 수 있는 기회를 마련
하는 것, 이것이 인맥관리의 핵심이다.

사소한 인맥도 소홀히 하지 마라

사람들은 자기를 기억해 주는 것을 좋아하기 때문에 사소한
것까지 모두 알고 있다는 느낌을 주면 당신을 이제까지와는 다른
시각으로 보게 될 것이다.

상대방에 대한 관심을 표현함으로써 강한 인상을 남기는 것
이 인맥 관리의 시작이다.

이렇게 인맥이 형성되면, 그 인맥 안에서 얻을 수 있는 정보는
무궁무진하다. 정보화시대에 사는 우리는 각자가 자기 영역에서
확고한 정보 시스템을 보유하고 있기 때문에 그것들을 서로 연결
하면 서로 간에 상승효과를 일으키게 되어 새로운 정보 네트워크
가 형성된다. 인맥을 통해 정보의 영역을 넓혀가는 것을 Human
Network라고 한다.

최근에는 각종 동호회의 모임이 활발하게 이루어지고 있다. 취미생활이나 사회생활에 필요한 어학학습 등을 함께 하는 서클 모임도 넓은 맥락에서는 인맥관리의 한 유형이다. 이런 경우는 사내 인맥관리로서 회사 내의 사정과 분위기, 다른 부서의 상황을 파악할 수 있다.

15

내가 키맨이 되면 더 많은 키맨과 만날 수 있다

높은 지위는 위대한 사람을 더욱 위대하게 하고
작은 인물은 더욱 자신을 초라하게 한다.

-라 브뤼에르

'정보는 발신하는 곳으로 많이 모인다'

키맨을 만나고 싶으면 자신이 키맨이 되어야 한다. 키맨이 되고 싶은가? 그렇다면 키맨의 조건이라고 생각되는 것들을 반드시 갖추려고 노력하라. 이것들만 갖추면 떳떳하게 누구든 상대할 수 있기 때문에 키맨들이 하는 행동은 무엇이든지 흉내내보려고 애쓰라. 매스컴에 등장하는 것이 키맨의 조건이라는 생각이 들면 어떻게 해서든 매스컴에 얼굴을 내밀려고 노력해라. 덕분에 어느 날 당신은 매스미디어에 등장하게 될 것이다.

이런 활용을 통해서 당신도 참신한 키맨들과 만날 수 있는 기회가 넓어진다는 것이다. 매스미디어는 통신판매의 카달로그 같은 것이라서 자기라는 상품을 팔아서 새로운 키맨들과의 만남을 창출해 내는 효과가 크다.

정보는 발신자를 좋아한다. 매스미디어는 만성적인 뉴스 소스 결핍증에 걸려 있기 때문에 하나의 기획을 생각해 내면 그것을 시점으로 계속해서 비슷한 종류의 기획을 되풀이한다.

매스미디어를 활용하는 목적은 새로운 키맨과의 만남의 계기를 만드는 것이다.

매스컴을 이용하면 계속해서 참신한 키맨들을 만날 수 있다.

키맨은 키맨을 알아본다

전문적인 기술이 한 가지밖에 가진 것이 없거나 여러 방면에 폭넓은 지식을 가지고 있지만 전문기술이 없다면, 요즘처럼 사람이 남아도는 시대에 인재가 될 수는 없다. 앞으로 수퍼 스페셜리스트(super specialist)의 시대다.

단순한 전문가가 아니라 하나의 전문기술을 가지고 있으면서 여러 분야에 폭넓은 지식을 갖추어야 인재가 될 수 있다. 그리고 그런 인재가 되면 자연스럽게 키맨이 되고 주변에 많은 사람들이 모여들 것이다.

누구나 쉽게 키맨이 될 수 있다 - 분야별 키맨이 되는 법

참신한 인재가 키맨이 될 수 있다. 사람에 따라서 키맨의 정의는 달라지지만 당신이 생각하는 키맨이 될 수 있도록 나름대로 노력을 하는 것이 중요하다. 가까운 곳에 모델이 있다면 더욱 쉬울 것이다.

① 경영자

회사를 설립하기만 하면 당신도 사장이 될 수 있다. 돈을 벌고 못 벌고는 제쳐두고 사장은 누구나 될 수 있는 것이다.

② 작가

소설이나 에세이를 써보자. 멋진 작가가 될 수 있다. 출판사는 내용만 좋으면 처녀작이라도 출판할 수 있는 길을 열어 줄 것이다.

③ 강사, 연사

강연을 연습해 보자. 일반적으로 사내에서 배운 것을 널리 발표할 기회조차 없이 정년을 맞이하는 경우가 많다. 이래서는 자신에게도 타인에게도 손해다. 2시간 분량 정도의 발표할 원고를 작성해 강연하는 연습을 해본 후 사내의 모임에서 데뷔를 하거나 아는 사람의 회사에서 무료 강연회 등을 통해 발표해도 좋다.

④ 예술가

그림이나 서예를 배워서 나름대로 발표하면 된다. 음악활동도 좋다.

⑤ 봉사활동가, 독지가

앞으로 주목받을 수 있는 분야다. 여기에는 프로와 아마추어가 따로 없다. 멋진 경영자나 예술가도 한수 접어 두게 된다. 다른 사람을 위해 노력을 아끼지 않는 사람은 흔하지 않다.

16

인맥 개척에 시간을 아끼지 마라

나이는 시간과 함께 달려가고,

뜻은 세월과 더불어 사라져 간다.

드디어 말라 떨어진 뒤에 궁한 집 속에

슬피 탄식한들 어찌 되돌릴 수 있으랴.

-〈소학〉

시간은 '발견 · 삭감 · 창조' 로 만들어진다

"너무 바빠서 사외활동에 참가할 여유가 없어!"

"모임, 그럴 시간이 어디 있어!"

"재미있겠는데, 그러나 지금은 바빠서 불가능해."

K씨는 키맨 네트워크를 13년 동안 주재해 오면서 참가 예정자 중에서 거의 틀림없이 약속을 어기는 사람이 있다는 것을 알았다. 그것은 금융계, 즉 다름아닌 은행원이었다.

그의 친척 중에도 은행원이 있기 때문에 그들의 생활에 대해서는 잘 알고 있다. 이 업종은 정말로 시간이 없을 정도로 바쁘다. 오히려 정치가들이 더 약속을 잘 지킨다.

비즈니스맨의 영원한 테마는 '타임 매니지먼트(시간경영, 시간관리)' 다. 모든 사람에게 공통적으로 주어진 시간을 얼마나 효과적으로 활용하느냐가 문제인 것이다.

'Time is money'

시간이 가지고 있는 특성을 충분히 이해하고 잘 활용하면 낭비가 줄어들기 때문에 일은 물론이고 인맥개척에도 유용하게 응용할 수가 있다.

시간경영을 인맥개척에 응용해 보자.

K씨는 일곱 가지의 메리트(이익)를 기대하고 키맨 네트워크를 운영해 왔다.

K씨의 일곱 가지 메리트
① 철학 ② 인맥 ③ 건강 ④ 교양 ⑤ 정보 ⑥ 감성 ⑦ 자금

이 메리트들을 단적으로 실현시키는 것이 아니라 복수의 조합에 의해서 상승효과가 최대한으로 실현될 수 있도록 노력하는 것이다.

이처럼 무장을 하기 위해서는 시간경영을 어떻게 해야 하는 지를 생각해 보자.

시간경영은 '시간이 있는 사람'과 '시간이 없는 사람' 두 종류로 나눌 수 있다. 시간이 있는 사람은 문제가 되지 않는다. 이 책에서는 '시간이 없는 사람'을 대상으로 한다. 이런 경우에 발견 · 삭감 · 창조라는 세 가지의 과제가 발생한다.

① '발견' : 쓸모없이 낭비되고 있는 시간을 하루의 생활 속에서 찾아내어 그것을 제거시키는 것이다.

② '삭감' : 일의 우선순위를 생각하고 공헌율 OO% 이하는 줄인다는 기준을 마련해 두는 것이다. 또 유흥을 위한 시간, 잠을 자는 시간, 통근시간, 식사시간, 특히 일을 하는 시간을 얼마나 줄이느냐에 포인트를 두어야 한다.

③ '창조' : 1시간을, 2시간 혹은 3시간으로 늘리는 것이다. 바꾸어 말하면 3시간 동안에 할 일을 2시간 내에 처리하는 것이다. 이것은 동시에 일을 처리해 나감으로써 가능해진다. 할 일이 많아서 정신을 차릴 수 없을 정도로 바쁜 직장인이라면 누구나 실

행하고 있다. 전화를 걸면서 서류정리나 명함정리 등을 하는 것이 여기에 해당한다.

여기에서 바쁜 사람과 한가한 사람을 자세히 비교해 보도록 하자.

바쁜 사람은 마치 처리능력이 뛰어난 컴퓨터처럼 무엇이든지 순간적으로 판단하여 재빨리 처리한다.

한가한 사람은 무엇이든 느릿느릿, 결국에는 요령이 없는 탓에 일도 제대로 처리하지 못한다. 지혜를 짜내기 위해서는 어느 정도의 스피드가 필요할지 모른다. 더구나 부분에만 사로잡혀 전체를 볼 수가 없기 때문에 일에도 균형이 잡혀 있지 않다.

그러나 문제는 '바쁘다'고 엄살하는 사람들 중의 대부분이 사실은 바쁘지 않다는 것이다. 정말로 바쁜 직장인은 주위에서 바쁘다는 인식을 가질 틈도 주지 않을 정도로 일을 처리하는 속도가 빠르다. '바쁘다'고 호소하는 사람은 자신이 시간경영에 얼마나 서투른 사람인지를 스스로 드러내 보이는 것일 뿐이다. 이런 사람이 상사일 경우 그 부하직원들은 정말로 비참해진다.

시간경영이란 기업은, 혼자서는 도저히 이끌어갈 수 없는 부분이 많다. 관습이라는 것을 따라가야 하기 때문이다. 그것이 시스템이라면 변경도 얼마든지 가능하지만 대부분은 관습이 이를 방해를 한다. 관습과 시스템은 다르다. 시스템은 즉시 변경을 할 수 있고 또한 그 효과도 바로 나타난다.

시간경영을 부드럽게 실행할 수 있는
효율적인 방법

1. '지금, 당장 처리한다' —시간 안에 처리한다는 식의
   사고방식을 버리기

2. '전부 처리하지 않는다' —우선순위에 따라
   처리하기

3. '아예 하지 않는다' —무시하기

17

설득력 · 프리젠테이션 능력을 높여라

화술은 단순한 언어의 유희나 심리적인 마술이 아니라

상대와의 인간관계의 조화를 실현시키기 위한

자기 표현의 기술이며 연출이다.

-홍서여

설득과 납득의 반복 균형이 잘 잡혀야 한다

사회생활을 성공적으로 이끌기 위해서 무엇보다 가장 필요한 기술은 '설득력' 이다.

인간은 태어난 순간부터 설득의 연속이다. 어린 아기가 울음을 그치지 않는 것도 자신의 마음을 어머니가 알아주지 않기 때문이다. 즉, 자기의 설득, 의사표시에 반응을 보여 달라는 바람이다.

직장인들은 손님을 설득하고 납득시켜서 공감대를 형성하여 상품을 판다. 사장들은 사원을 설득해 일에 대한 동기부여를 해야 한다.

사회생활은 하루하루가 설득의 연속이다. 기업의 품위제도도 문서에 의한 설득이다. 품의제도란 책임을 돌리는 것, 즉 '나는 이렇게 돌아다니는 몸이 되었으니까 누군가가 책임을 져주십시오' 라며 문서가 표류하고 있는 상태를 말한다. 즉, 책임의 계속적 경영상태를 의미하는 것이다.

설득의 기술이나 추진력이 없으면 좋은 인맥을 만들 수 없다

설득력이 부족하거나 추진력이 없으면 좋은 인상을 주지 못한다. 따라서 아무리 시간이 흘러도 인맥은 늘어나지 않는 결과를 초래한다. 이것은 영업에서도 마찬가지라고 할 수 있다.

상품 차별화를 할 수 없는 현대사회에서는 영업사원의 개인자산으로 승부를 거는 수밖에 없다. 누구나 같은 성과를 올리게 된다면 영업사원은 인형에 지나지 않는다. 수요를 이끌어내야 하는 것이다. 상대가 아직 깨닫지 못하고 있는 잠재수요까지 이끌어내기 위해서는 회사의 응접실에서 대응을 하는 것만으로는 부족하다. 직판은 영업사원에 따라서 성과가 달라지는 것이 당연하다. 그 차이는 각자가 지니고 있는 자산의 차이, 즉 설득과 프리젠테이션 능력이다.

이러한 설득과 프리젠테이션으로 상대방의 마음을 사로잡아 판매뿐만 아니라 신뢰감까지 주어 마침내 좋은 인맥을 형성할 수 있게 된다.

이에 반해 제대로 상대방을 설득하지 못해 아무리 시간이 흘러도 자신의 상사를 소개해 주지 않는다면 상대방은 '당신에게는 내 상사를 소개해 줄 정도의 가치도 없다' 는 뜻을 전하고 있는 것이다.

따라서 설득과 협상, 신뢰감을 주는 프리젠테이션을 통해 담당자의 마음을 확실하게 붙잡을 수 있어야 인맥이 빠르게 늘어나게 된다. 그리고 이러한 인맥은 당신이 지향하고자 하는 목표를 적극 수행할 수 있는 동기를 부여할 것이며 또 결과를 얻어낼 수 있게 도와 줄 것이라 믿는다.

나는 사랑 받는 사람인가, 미움 받는 사람인가.

스스로의 가치를 결정짓는 것은 어디까지나 그 사람이다. 다음은 환영받고 사랑받는 사람들의 특징, 그렇지 못한 사람들의 특징을 많은 의견 수렴을 통해 모아놓은 것이다. 목록 중에 고쳐야 할 점이 나에게 해당된다면, 또는 더 북돋아야 할 장점이 있다면 주목하고 실천하고 바꿔 보자.

환영받는 사람

*솔직하고 정직한 사람(이들은 자기 실패를 부끄러워하는 대신 그 원인을 분석하고 반성한다)

*겸손한 사람(거만한 사람을 좋아하는 이는 아무도 없을 것이다)

*적극적인 사람(남들이 하기 싫어하는 일까지도 척척 도맡아 하는 헌신과 열정은 누구에게나 사랑받는다)

*자기 이야기를 허물없이 해주는 사람(자신의 쓸고 단 경

험 모두를 들려준다는 것은 자신의 노하우를 나누어주는 동시에 타인의 공감을 얻을 수 있는 일이다)

　*상대의 고민과 과제를 풀어줄 수 있는 이를 소개시켜줄 수 있는 사람(함께 나아가는 세상에서 이기적인 인맥 대신 더불어 사는 인맥을 꿈꾸는 사람은 그로 인해 더 큰 인맥을 형성한다.)

미움받는 사람

　*무엇이든 제멋대로 하는 사람(이런 사람은 거의가 이기적이고 미성숙한 자아를 가지고 있다)

　*늘 운이 나쁘다고 투덜대는 사람(변명거리가 많은 사람은 무슨 일이 있어도 성공하지 못한다)

　*만나면 돈 이야기부터 꺼내는 사람(인생의 목적이 오로지 돈에만 있는가?)

　*늘 직장 이야기로 분위기를 가라앉히는 사람(즐거울 때 즐겁게 웃을 수 있는 여유가 없는 이는 늘 스트레스와 고민 속에서 살아간다)

　*남의 이야기에 귀 기울이지 않고 제 이야기만 하는 사람(남의 이야기를 듣지 않는 사람은 발전할 수 없다.)

Part 3

제 3 장

인맥 만들기의 실전

- 성공을 위해 나만의 브랜드를 만들어야 한다

인맥 만들기의 첫걸음,
인맥 지도 그리기

현명한 사람은 행동하지 못하는 것을 실천하고,

활동적이지 못한 것에 관심을 가지며,

맛이 없는 것을 맛보는 사람이다.

-노자

인맥 100명을 확보하기 위한 5단계 프로젝트

1단계 : 정보입력에 성실하라-인맥 10명 확보

우선 정보관리부터 시작하자. 만나고 싶은 키맨이 어떤 사람
인지도 제대로 모르는 상태라면 아무것도 시작할 수 없고, 설사
키맨을 만났다 해도 그에 대응할 수 있는 공부를 제대로 해두지
않았다면 상대에게 '시간낭비였다'는 인상만을 남기게 될 것이
다.

수집 내용은 사업과 관련 있는 것만이 아니라 문화, 역사, 철학 등 폭넓은 분야일수록 좋다. 초보자는 질보다는 양이 중요하다. 또 정보는 확실하게 파일로 만들어야 한다. 신문이나 잡지는 대강 탐독하다가 자신이 관심있는 부분만을 잘라내어 1주일 뒤에 다시 한 번 확인을 하고, 정말로 필요하다고 여겨지는 내용만을 파일로 만들어 둔다.

2단계 : 특별한 명함을 만들어 깊은 인상을 심어주라-인맥 30명 확보

명함은 상대방에게 주는 자신의 첫인상과 같다. 짙은 디자인으로 만든 특이한 명함을 준비해 두는 것도 깊은 인상을 심어주기 위한 좋은 방법이다.

3단계 : 사람들이 많이 모이는 장소에 간다-인맥 50명 확보

모임이나 파티 등 사람들이 모이는 기회가 있다면 적극적으로 찾아다닌다. 내 쪽에서 선택해 찾아다닐 수 있으니까 가장 편한 방법이다. 우선 같은 세대의 사람들이 모이는 모임을 중심으로 참가하는 것이 좋다. 기업이 주최하는 강연회나 이벤트에도 참가신청을 해두자.

사내모임이나 파티는 시간이 허용되는 한, 2차까지는 참가하는 것이 좋다. 단 이런 자리에서도 사람이 가장 중요하다는 것을 잊어서는 안 된다.

4단계 : 연락을 통해서 친밀한 인간관계를 유지한다-인맥 70명 확보

만나고 싶은 키맨은 높게 설정할 것. 단 상대도 바쁜 몸, 상대에게 도움이 될 수 있는 정보나 지식의 무장은 최소한의 예의다. 키맨을 결정했으면 재빨리 이메일이나 편지로 연결을 시도한 다음에 전화로 약속을 정한다. 만일 거절당하면 다음 키맨에게 접근한다. 포기하지 말고 끝까지 덤벼들어야 한다.

5단계 : '내가' 중심이 되는 이벤트를 개최한다-인맥 100명 돌파!

언제까지나 같은 세대의 모임이나 자기 업계 등의 회합에만 참가하지 말고 여러 방면의 모임에 참가해 보도록 하자. 자신이 모임을 주재할 수 있다면 더욱 좋다. 어렵게 생각할 필요는 없다. 독서회라도 좋고 취미를 활용한 모임이라도 좋다. 무슨 내용이든 모임을 가진다는 점에 의의가 있다. 사회적으로 저명한 키맨을 부를 수 있다면 효과는 만점! 이것으로 당신도 멋진 키맨이 될 수 있다.

19

내가 중심이 되는 이벤트를 개최하라

사막이 아름다운 것은 어딘가에

샘이 숨겨져 있기 때문이다.

-생 텍쥐베리

내가 중심이 되는 이벤트야말로 커뮤니케이션의 극치다

사람은 누구나 태어나면서부터 줄곧 이벤트 속에서 생활하고 있다고 말할 수 있다. 예를 들면 생일, 입학식, 졸업식, 입사식, 나 자신이 주인공이 되는 결혼식, 장례식에 이르기까지 인생은 이벤트의 연속이다.

이런 이벤트를 의식적으로 자신의 메시지로서 활용하는 것이다.

구체적으로 살펴보면 다음과 같다.

① 매달 개최하는 키맨 네트워크의 정례회 : 정례회에서는 초청 강사의 이야기와 정보교환 파티를 전개한다.

② 인간관 연구회 : 종교나 철학관계의 키맨을 초청해서 사람은 어떻게 살아야 하는지에 대해서 탐구한다.

③ 우주관 연구회 : '0으로의 출발' 이라는 주제로 매달 한 번, 레오나르도 다빈치, 장자 등 세계적인 철학자들의 발상과 행동을 연구한다.

④ 소년 지구 탐험대 : 두 달에 한 번 국내는 물론 세계 각지의 탐방관광을 실시하고 있다.

⑤ 멤버가 주재하는 연구회 : 키맨 네트워크 주재의 이벤트뿐 아니라 멤버가 주재하는 이벤트에도 참가하고 있다. 이렇게 하면 내가 주재하는 이벤트 이상으로 많은 정보를 얻을 수 있다.

정보는 가만히 앉아서 받기만 하려고 해서는 안 된다.

정보를 얻고 싶으면 정보를 보내야 한다.

휴먼 네트워크가 곧 정보 네트워크다

처음부터 너무 큰 것을 생각하지 말고 일단 작은 이벤트부터 시작하자. 그리고 시간을 두고 그것을 키워나가는 것이다. 처음부터 대규모의 계획을 세워서는 실패할 확률이 높다. 작아도 길게 지속할 수 있어야 한다는 것이 포인트다.

실패란 성공 하기 전에 포기하는 것을 말한다. 성공 할 때까지 계속하면 재미도 느끼게 되고 결과에도 신경을 쓰게 된다. 그렇게 되면 동료가 빠르게 증가한다. 세포분열이 시작될 때까지 계속하게 되면 굳이 바라지 않더라도 성공하게 되는 것이다.

1명을 만나든 100명을 만나든 시간은 마찬가지다. 맨투맨 쪽이 거리는 줄일 수 있을지 몰라도 여기에서는 100명에게 똑같은 메시지를 전할 기회를 만들 것을 권하고 싶다. 그리고 그것을 정기적으로 전개하는 것이다.

이것으로 특정 소수에서 불특정 다수로 확대하는 첫걸음을 내딛는 것이다. 콘서트라도 좋고 강연회, 만담회, 개인전이라도 좋다. 어쨌든 자기가 주역이 되는 이벤트를 만들어서 나타내는 것이 중요하다.

20

남의 인맥을 나의 인맥으로 만든다

내 몸이 귀하다고 하여 남을 천히 여기지 말고,
스스로 크다 해 남의 작음을 업신여기지 말며,
자신의 용기를 믿고서 적을 가볍게 보지 말라.

-강태공

인맥 만들기의 기본원칙, 인맥이 많은 사람과 자주 접촉한다

인맥이 많은 사람은 인맥의 중심에 서 있다. 그 사람 주위에 사람들이 모이고 그 사람을 중심으로 정보가 모인다. 우선 자신이 인맥의 중심이 될 수 없다면 인맥이 많은 사람과 접촉하여 그 사람과 인맥을 맺는 것이 중요하다. 열 사람을 사귀는 것보다 이런 사람과의 관계를 돈독히 해 두는 것이 오히려 유리할 때가 있다.

번역가 L씨는 사람들과 못 사귀는 것으로 유명하다. 하지만 번역가라는 직업도 일을 소개받기 위해서는 여러 사람과 상대해야 한다. 이 문제를 '숙맥' L씨는 어떻게 해결했을까? L씨에게는 출판기획자로 일하는 친구가 2명 있었다. 이 친구들은 주변에서 '걸어다니는 인맥'이라고 부를 정도로 마당발을 자랑하는 사람들이었다. 이들이 L씨에게 일을 소개해 주었다.

L씨가 출판기획자인 친구와 사귈 때 그 친구에게만 도움을 받는다고 생각했다면 번역일을 하면서 큰 어려움을 겪었을 것이다. 하지만 L씨는 그 친구들의 인간관계를 사전에 잘 파악해 두고 있었기 때문에 그 친구들의 인맥마저도 자신의 인맥으로 활용할 수 있었던 것이다.

더욱 폭넓은 인맥을 구성하고 싶은 사람, 인맥이 없어서 고민하는 사람, 이런 사람들은 우선 풍부한 인맥을 가진 사람들과 접촉할 필요가 있다.

21

나의 인맥을 비즈니스와 연결하라

다른 사람도 내 방식대로 세상을 대한다고 착각하지 말라.
이를 명심한다면 당신의 인간관계가 한층 풍요로워질 것이다.

-리처드 칼슨

키맨 네트워크를 주재하면서 비즈니스에도 활용을 했던 경험
이 최모 씨에게는 항상 있었다. 그의 자산은 '인맥'과 '개인 생활
정보'였다.

항상 특별 초빙강사의 사진과 강연 내용을 앨범에 붙여 가지
고 다녔는데 그것을 보여주면 영업부서, 인사교육 부서는 물론 경
영자까지도 관심을 보였다.

그 이유는 영업부서에서는 고객을 모으는 강연회를 개최할
때에 강사를 선정해야 하고, 인사교육부서에서도 사원교육을 할

때에 강사를 선정해야 하는데 그 강사가 실제로 자신의 회사에서는 어떤 경영교육을 하고 있는지 그 내용에 대해서 궁금하게 여기고 있기 때문이다. 또한 경영자는 경영론에 대해 알고 싶은 것이 당연하다. 최모 씨는 그런 질문에 성실하게 응답했다. 더구나 강사의 연락처도 알고 있고 강연 비용이 얼마나 드는지에 대해서도 잘 알고 있었기 때문에 그들은 그를 반갑게 대해 주었다. 또 강사 쪽에서도 비즈니스가 되기 때문에 당연히 그를 친절히 대해주었다고 한다.

이후 그가 깨달은 점은 '대기업이라면 강사의 정보 정도는 얼마든지 가지고 있겠지', '회사의 이름만 대도 의뢰는 쉽게 이루어질 거야'라고 생각하고 있었는데 그것은 잘못된 생각이었다. 대기업에서도 "선생님"으로 불리는 사람에게는 매우 약했다. 또 연락처나 최근의 강연 내용 등의 정보는 거의 가지고 있지 않았다. 그래서 광고기획에 비싼 돈을 주고 강사파견 의뢰를 할 수밖에 없는 실정이었다. 그런데 재미있는 점은 그 회사에서 자신에게 전화가 걸려오는 경우가 많았다는 것이다. "OO 선생님의 연락처 좀 가르쳐 주십시오", "OO 선생님에게 강연을 부탁하고 싶은데 중간에서 소개 좀 해주실 수 없겠습니까?"라는 내용들이었다고 한다.

당시 그는 그런 의뢰는 모두 거절했다. 왜냐하면 그 사람과 면식도 없고 누군가의 소개도 아니었기 때문이다. 정보, 특히 인적정보는 그 가치가 매우 높은 것인데 그렇게 간단히 가르쳐 줄 수는 없지 않은가.

어쨌든 덕분에 사람들은 그에게 관심을 기울여 주었다. 그가 면담을 한 사람들은 키맨 네트워크의 멤버로 참가하게 되면 그들은 이전과 전혀 다른 태도로 대했다.

그가 사회적으로 저명한 키맨들과 친하게 지내니까 그 역시도 '위대하다'고 착각했기 때문일 것이다.

22

헤드워크, 풋워크, 네트워크로 무장하라

자신이 하는 일을 재미없어 하는 사람치고
성공하는 사람을 못 봤다.

-데일 카네기

    비즈니스는 혼자서는 할 수 없다. 하지만 옆에서 도와주는 사람이 있으면 부드럽게 전개해 나갈 수 있다.

    정해진 틀을 벗어나, 넓고 깊으며 다이내믹하게 추진해 나가기 위해서는 여러 사람의 뜻을 모아라.

    필자도 키맨 네트워크를 통해서 여러 가지 매스미디어에 등장할 기회를 얻은 덕분에 더욱 많은 키맨들과 만날 수 있었다. 또 강연, 집필, 단행본 등과 같은 매체를 활용해서 자기의 의견을 발표하거나 그 방향에 의한 반성을 통해 사물에 대한 사고방식의 폭도 자연적으로 넓어졌다고 생각한다. 이 새로운 만남은 공적이든 사적이든 매우 고마운 일이다.

현대사회의 리더는, 인맥에 충실한 사람들이다.

이런 타입은 모두 두뇌회전이 빠르고 사람을 좋아하며 다른 사람을 돌보아 주기 좋아하는 성격이 가산되어 성공을 거두는 것이다. 바꾸어 말하면 '헤드워크, 풋워크, 네트워크'가 안겨 주는 선물인 것이다.

헤드워크 : 정보로 무장하라

헤드워크란 머리를 철저하게 단련시킨다는 뜻이며, 일반적으로 오픈이 되어 있는 미디어-신문, 잡지, TV, 위성방송, 단행본, 강연회, 포럼, 심포지엄 등을 철저하게 활용하는 방식을 말한다.

이 정보는 일반정보이기 때문에 양이 포인트이다. 굳이 기억해야 할 필요는 없지만 언제든지 대화를 할 수 있다는 마음으로 '나라면 이렇게 말하겠다', '이런 사고방식도 있다', '이 의견은 타당한 것일까?'라는 식으로 정보를 분석하는 버릇을 길러 두는 것이 좋다.

풋워크 : 질이 중요하다

풋워크는 헤드워크를 살리고 죽이는 것으로, 헤드워크의 정보는 어디까지나 일반정보인 데 비해 풋워크로 얻은 정보는 질이 포인트가 된다. 모르는 것이 있으면 물어보러 가든지 철저하게 조사해야 한다. 그렇게 하기 위해서도 항상 메모를 하는 습관을 기르는 것이 좋다. 주머니에는 항상 메모지를 가지고 다니도록 하자. 그리고 신문의 주요기사나 토론상대의 이해할 수 없는 발언 내용, 자기가 모르는 지식 등을 메모하는 것이다. 이렇게 해 두지 않으면 자기가 모르는 것이 무엇이었는지 그것 자체를 알 수 없게 되어 버린다. 귀찮겠지만 반드시 몸에 익혀야 하는 버릇이다.

네트워크 : 사원교육을 통한 지도, 연수가 불가능하다.

유럽을 다니다 보면 교회들을 많이 볼 수 있는데 교회는 예로부터 정보의 거점이었다. 현대로 말하자면 신문사와 방송국, 전화국, 우체국 등의 정보기능을 모두 갖추고 있었기 때문에 교회가 권위를 가지고 있었던 것이다. 즉 정보를 네트워크로 독점하고 있었기 때문에 시민은 각 교회에서 세계 최신정보를 들을 수가 있었다.

대학이 상아탑이라고 불리는 것도 해외로부터의 학술적인 최신정보를 독점하고 있기 때문이다. 대학교수는 권위만 내세워서는 안 된다. 정보에 민감해야 한다. 학생은 영리하다. 자기에게 도움이 된다고 생각하면 굳이 오라고 하지 않아도 정보를 통하여 찾아온다. 그러나 권위만으로는 단 한 명의 학생도 모이지 않는 것이다.

현재의 매스미디어에서도 잘 팔리는 캐스터는 참신한 정보를 독자적인 네트워크를 통해서 얻고 있다. 국제 정치학자라는 간판을 가지고 텔레비전에 자주 등장하는 어떤 교수도 "그 정보는 미국의 OO씨에게 들었다"는 식으로 말을 하는 것을 보면 잘 알 수 있는 일이다.

일반대중인 우리도 '헤드워크 · 풋워크 · 네트워크'를 트레이닝하게 되면 수준 높은 정보를 구사할 수가 있다.

이 세 가지 요소를 조합해서 인맥을 형성해 나가는 것이다. 중요한 것은 하려는 마음이 있느냐 없느냐다. 똑같은 이야기를 들어도 그 말에 감명을 받는 사람이 있고 그렇지 않은 사람이 있다. 이런 것에도 인연이 있는 듯하다. 어쨌든 이 책을 손에 잡게 된 인연을 잘 활용해서 즉시 시도해 볼 수 있기를 바란다.

23

성공적인 직장인 인맥관리 노하우

정직과 성실을 그대의 벗으로 삼으라!

아무리 누가 그대와 친하다 하더라도 그대의 몸에서

나온 정직과 성실만큼 그대를 돕지는 못하리라.

벤자민 프랭클린

　　○○○백화점 홍보실 김 과장은 다양한 모임에 참가하고 있다. 그 중에는 회사생활을 하면서 알게 된 사람들과의 모임도 있고, 클래식 감상, 와인, 등산 등 취미생활과 관련된 만남도 있다. 김 과장은 이를 통해 자신만의 인맥을 관리한다고 말한다.

　　국내외 유명 브랜드 홍보 담당 60여 명으로 구성된 모임의 경우, 정보를 공유하고 필요한 자료를 주고받아 실무에 큰 도움이 된다. 클래식을 좋아하는 사람과 단체로 콘서트를 관람하고, 영화 마니아들과는 한 달에 한 번씩 영화관에서 번개모임을 하면서 취미생활도 하고 자연스레 문화예술인과의 교류도 넓힌다. 와인 바에서 정기적으로 만나는 사람도 있고 산에서만 만나는 사람들도 있다. 1967년생인 김 과장은 일이나 취미로 만난 사람들을 중심으로 나이가 같은 사람끼리 '양띠 클럽'이라는 모임을 만들어 서로 다른 분야의 사람과 친분을 쌓고 있다.

김 과장의 경우처럼 국내 직장인 중 대부분이 '인맥관리'의 필요성에 대해 인식하고 있으며, 대부분 직장인들이 인맥관리를 위한 온·오프라인 활동을 하고 있는 것으로 나타났다. 최근 온라인 리크루팅 사이트 '잡코리아'가 국내 남녀 직장인 1032명을 대상으로 조사한 결과 81.6%(842명)가 "인맥관리를 하고 있다"고 답했다.

인맥관리의 필요성에 대한 조사에서는 '매우 필요'(54.0%) 또는 '필요하다'(44.0%)는 응답이 98.0%로 대부분 직장인들이 인맥관리의 필요성을 인식하고 있는 것으로 나타났다.

인맥관리를 하고 있는 사람들 중 '직장생활을 통해 알게 된 외부 지인과 유대관계를 유지한다'가 가장 많았으며, 그 다음은 학교동문(동창) 등 선·후배 모임 참여, 온라인 카페나 동호회(커뮤니티) 활동, 개인 온라인 홈페이지(미니홈피·블로그 등), 사내 동호회·스터디 등 순서였다.

효과적인 인맥관리법

1. 이메일 · 전화 등으로 자주 연락하고 친목모임을 갖는다.

2. 친밀감을 높이기 위해 개인적인 경조사 · 취미 · 관심사 등을 챙긴다.

3. 온라인 사이트나 동호회 커뮤니티를 자주 이용해 유대감을 쌓는다.

하지만 이와 같은 인맥이 업무상 도움은 되고 있지만 취업 · 이직에는 큰 도움이 되지 않는 것으로 조사됐다. 지인에게 취업 관련 청탁을 했을 때 도움을 받지 못했다는 응답자가 56.6%로 도움을 받았다는 응답보다 많았다. 하지만 업무와 관련한 부탁은 90%가 도움을 받은 것으로 나타났다.

취업 · 인사포털 인크루트도 인맥관리법을 소개했다. 먼저 동종업계의 모임에 적극 참여할 것. 평소는 물론 이직을 고려할 때에도 도움이 된다는 것이다. 어떤 모임에 참여하든 직책을 맡아 구성원과 두루 친분을 다지고, 명함을 받은 후 쌓아놓는 데 그치지 말고 명함에 그 사람과 만난 시간 · 장소 · 인상 등 기본적 정보를 적어두면 다음에 만나거나 연락할 때 좋다. 한편 회사 밖 사람과의 친목에만 신경쓰다 보면 정작 자신에게 가장 먼저, 가장 큰 도움을 줄 수 있는 직장 동료 등 가까운 사람을 소홀히 하기 쉬운데 경조사 등을 꼼꼼히 챙기는 것은 필수다.

좋은 인맥 만들기 키워드

인맥관리 경로(단위 : %)

1. 직장생활을 통한 회사 밖 지인과 유대관계(25.5)

2. 학교동문(동창) 등 선·후배 모임(23.2)

3. 온라인 카페·동호회·커뮤니티(16.1)

4. 개인 홈페이지, 블로그(9.8)

5. 사내 동호회·스터디(7.4)

6. 각종 협회·기업 주관 행사 참여(6.6)

7. 오프라인 카페·동호회·커뮤니티(5.3)

8. 기타(6.1)

인맥관리 방법(단위 : %)

1. 이메일·전화 등으로 연락, 친목 모임(30.8)

2. 개인적 경조사·취미·관심사 챙기기(29.7)

3. 온라인 사이트·카페에 게시물 올리기(17.6)

4. 전문역량 강화해 지인에게 도움 주기(13.9)

5. 다양한 정보를 지인에게 제공하기(7.3)

6. 기타(0.7)

24

각종 동호회 인맥관리 노하우 —
"꿩 먹고 알 먹고"

마음에 여유가 있는 자는 필요한 말만 요약해 말하기 때문에
쉽게 알아들을 수 있지만, 반대로 마음에 여유가 없는 자는 쓸데없는 말만을
늘어놓기 때문에 이해하는 데 많은 어려움을 느끼게 된다.

-라 로슈푸코의 《잠언집》

"학연·지연만으로 인맥을 관리하는 건 '구태의연' 합니다. 각자 업종이나 취미에 맞게 다양한 동호회 활동을 통해 인적 네트워크를 구축하는 게 요즘 트렌드죠."

외국 회사에 근무하는 30대 여성 김모 씨는 동호회 예찬론자다. 김씨는 현재 3개의 동호회에 가입해 활동 중이다. 미국 공인회계사(AI CPA)를 준비하는 직장인들의 모임과 와인 동호회, 외국계 기업에 근무하며 직장을 옮기기도 했다. 굳이 헤드헌팅 업체를 통해 이력서를 내는 번거로운 절차를 밟지 않더라도 알음알

음 알게 된 지인들을 통해 쉽게 원하는 근무처를 찾을 수 있었다.

이렇듯 20~30대 젊은 직장인들을 중심으로 '동호회 문화'가 확산되고 있다. 온라인 리크루팅 업체 '잡코리아'가 최근 국내 남녀 직장인 1,032명을 대상으로 조사한 결과, 인맥관리를 하고 있는 직장인 842명 중 '온라인 카페나 동호회(커뮤니티) 활동으로 인맥을 쌓는다'는 응답자가 37.3%, '사내 동호회 등 각종 모임에 나간다'는 응답자가 17.2%를 차지했다고 한다.

기업별 동호회

가장 유명한 모임은 주한 외국기업에 근무하는 직장인들의 모임인 'KOFEN(www. kofen.org)'이다. 외국 기업에 대한 최신 정보와 동향이 수시로 업데이트되는 실용적인 성격의 동호회다. 회원은 20~30대 실무자급 회원부터 40~50대 임원급 회원까지 다양하다.

국내 기업체들은 'OB모임' 형태를 선호한다. 대우그룹 출신들의 모임인 '대우러브(daewoolove.com)', 삼성 출신들의 모임인 '삼성오비닷컴(www.samsungob.com)' 교보인들의 모임인 '교우회(www.kyoboin.co.kr)' 등이 대표적이다.

삼성오비닷컴의 경우 삼성에서 5년 이상 근무한 사람들의 리스트를 모아서 헤드헌팅 사업을 벌이기도 한다.

인맥관리의 5계명

1. 동종업계 모임에 적극 참여하라.
2. 모임에서는 직책을 맡으라.
3. 명함정리가 인맥관리의 출발이다.
4. 디지털 인맥에 눈떠라.
5. 우선 순위는 가까운 이 부터 먼저 챙겨라.

취미별 동호회

같은 취미를 즐기는 직장인 동호회의 경우 좀더 자유로운 분위기에서 다양한 직종의 사람들을 만날 수 있다는 장점이 있다. 온라인 커뮤니티가 활성화되면서 셀 수 없을 만큼 다양한 동호회들이 생겨나고 있다.

음악을 좋아하는 직장인들의 모임인 '직장인 취미밴드(www.freechal.com/hobby band)'는 회원수가 무려 300여 명을 넘는다. '직밴 주식회사'로 불리는 이 동호회 내에서는 '구내식당', '대기발령', 'TFT' 등 '직장인스러운' 이름의 밴드 7개가 활동 중이다. 직장인 사진 마니아들의 모임 '포커스

(www.focusclub.co.kr)'는 1977년 설립된 뼈대 있는 동호회다. 현재 90여 명의 회원들이 활동 중이며 정기적으로 사진 전시회를 열고 있다. 이 밖에도 인라인 동호회 TIZ(www.tiz.or.kr), 야구 동호회 KAC애플스(www.kac.pe.kr). 보드동호회 J.O.B(cafe.caum.net/joyofboarding) 등도 유명하다

업종별 동호회

마케팅·홍보 전문가들의 모임인 '마피아(마케팅·PR 담당자 아침모임)'는 지난 2004년 3월 창설됐다. 내로라하는 기업의 홍보 전문가 50여 명이 회원으로 활동중이다. 서로 마케팅 아이디어를 교환하고, 다양한 업종에 대한 지식을 쌓을 수 있기 때문에 인기가 좋다.

인사 전문가들의 모임인 'HRPA(www.hrpa.co.kr)'는 정기적인 오프라인 세미나를 통해 인사관리 시스템, 경력계발 프로그램 설계 등에 대해 배우기도 한다.

'보험나라(www.bohumnala.co.kr)'에서는 보험 영업사원들의 생생한 성공담, 실패담을 엿볼 수 있다. 전·현직 은행원들의 커뮤니티인 뱅크아지트(www.bankazit.com)도 대표적인 업종 동호회다.

낯선 사람을 만나도 이렇게만 하자!

　인맥을 쌓기 위한 가장 기본적인 요소는 바로 사람을 대하는 대화의 기술이다. 아무리 낯설고 어려운 상대라도 이 몇 가지 대화의 기술, 그리고 진심을 다한다면 철옹성은 없는 법이다. 말의 달변이 되기에 앞서, 마음으로 주고받는 몇 가지 기술을 알아보자.

1. 공통점을 찾아라!

　사람은 누구나 우호적인 관계를 가진 사람을 쉽게 설득하게 된다. 그러기 위해서는 무엇보다 공통점을 찾아내 그것을 칭찬하는 것이 좋다. 고향이나, 좋아하는 운동선수, 비슷한 나이대, 이 모든 것이 좋은 소재가 된다.

2. 너무 말을 잘해도 마이너스

너무 말을 잘하면 '말 잘하는 사람'이라는 인상은 주지만, 쉽게 다가가기 힘들다. 특히 내성적인 사람들은 오히려 거부감을 가질 수 있다. 따라서 조금은 부드럽고 쉬운 말로 보통 사람이라는 느낌을 주면, 오히려 많은 이들과 만날 수 있다.

3. 자신의 고민을 공개하라

많은 대인관계 전문가들이 누군가를 내 편으로 만들려면 자기를 보여주는 것이 중요하다고 말한다. 문제가 생겼을 때 다른 사람들과 대화를 나눌 수 있다면, 어려운 상황을 보다 쉽게 풀어나갈 수 있는 것은 물론, 상대도 기꺼이 자신의 고민을 보여주려 할 것이다.

4. 유머 감각을 키우자

유머 감각이 있는 사람은 어디서든 환영받는다. 잠시나마 힘든 일을 잊고 웃는 것만큼 큰 활력이 더 있겠는가.

실제로 대인 관계에서 생기는 갈등과 긴장감은 웃음으로 얼마든지 완화될 수 있다.

자기 고집만 내세우는 사람은 늘 고독하게 마련이다. 우리는 누구나 말하는 것보다는 듣는 것이 중요하다는 것을 잘 안다. 한편 대다수 고집 센 사람들, 자기 말만 하는 사람들은 의외로 연약하다. 자신의 연약한 면을 드러내기 싫어서 센 척을 하지만, 이런 사람들은 그 외로움을 달래주면 의외로 쉽게 마음을 연다.

Part 4

제 4 장

정보화시대의
디지털 인맥술

-변화 자체를 수긍하고,
이에 적극적으로 대응해가려는 노력이 필요하다.

25

첨단 정보화 시대의 디지털 인맥술

정보가 살아 움직인다. 21세기의 권력은
힘있는 자로부터 정보를 가진 자에게로 이동하고 있다.

―앨빈 토플러

한국 사회도 이제 첨단네트워크의 시대, 정보전쟁의 시대로
돌입하고 있다. 토플러가 지적했듯이 '누가 정보를 가지고 있는
가' 가 제일 중요한 문제로 대두되고 있다. 앞으로 지식에 대한 정
보, 정보에 대한 정보를 많이 가진 비즈니스맨만이 살아남는다는
데 반대할 사람은 아무도 없다.

이에 따라 현대인들은 정보맨이 되어야 한다. 정보학 서적이
쉴 사이 없이 선보이고, 정보맨을 양성하는 과정이 인기를 끄는
이유가 여기에 있다. 유능한 비즈니스맨이라면 정보에 대한 이론

적 무장은 물론, 생생한 정보를 입수하기 위해 촉각을 곤두세워야 한다. 최근 그들의 촉각은 다른 업종간의 교류에 쏠리고 있다.

입사하여 여러 해가 지나면 직원들끼리의 라이프스타일이 비슷해진다. 소위 '기업문화'라는 것이 있기 때문이다. 출퇴근 시간, 밥 먹는 곳, 휴식을 취하는 방법 등 생활방식이 어느새 유사성을 띠게 된다. 같은 업계에 종사하는 사람들도 마찬가지다. 같은 시장조건에서 경쟁하다 보면 경쟁사의 직원끼리도 유사해진다. 신문기자들, 여행사 직원들이 자신들만의 분위기를 만들어 가는 것을 생각해 보자.

아이디어의 원천은 사물에 대해 '다른 시각을 갖고 있는 것'이다.

기업에 입사하여 정신없이 지내다 보면 '초록은 동색'이라고 금방 서로 비슷해져 간다. 창의력도 도토리 키재기 식으로 발전이 없다. 이런 조건에서는 아이디어가 떠오르지 않는다. 신선한 생각이 나올 수가 없다.

회사에서 정보를 얻는 것은 한계가 있다. 같은 업무, 같은 생활패턴에서는 같은 정보밖에 나오지 않기 때문이다. 그러나 눈을 돌려 다른 업계의 새로운 트렌드(trand)에 관심을 쏟으면 정보는 무궁무진하게 제공된다. 이 정보를 조금만 손질하면 아이디어가 된다. 최근 다른 업종 간의 교류가 눈에 띄게 늘어나는 이유가 여기에 있다.

디지털라이징이 세상을 바꾼다.

디지털라이징이란 모든 정보를 0과 1, 즉 디지털로 저장하는 방식을 말한다. 이에 따라 모든 정보저장방식은 하나로 통일되었다. 사진은 디지털사진기로, 책은 전자출판으로, 영화효과는 컴퓨터그래픽으로, 음반은 CD롬에 저장하게 되었다. 정보저장방식이 같아진 것이다. 이에 따라 정보의 교류가 가능하게 되었다. 그 대표적인 예가 CD롬이다.

그 밖에 '멀티미디어(multimedia)'란 말이 유행하고 있다. 다양한 미디어를 하나로 통합한다는 뜻이다.

멀티미디어시대는 다음과 같은 3단계를 거치면서 발전한다.

첫 번째 단계는 CD롬 단계이다.

이때는 주로 CD롬에 멀티미디어정보를 저장, 이용한다. 이는 이때까지 컴퓨터통신망이 전화선에 의존하는 것과 무관하지 않다. 기왕의 전화선을 통해서는 막대한 멀티미디어 정보가 순식간에 오가기가 힘들기 때문이다.

두 번째는 수퍼하이웨이 단계이다.

정보고속도로라고도 풀이된다. 미국의 부통령 엘고어가 제창한 것으로, 간단히 말해 전화선 대신 광케이블을 깔아 정보전송을 빨리 하자는 것이다. 이 계획이 완료되면 막대한 양의 멀티미디어 정보가 순식간에 왔다갔다 할 수 있게 된다. 이 단계가 되면 CD롬의 역할이 현저히 줄어들게 된다.

세 번째는 우주하이웨이 단계이다.

미국의 모토롤라사의 이리듐 계획이 대표적이다. 이는 지구상에 수십 개의 위성을 띄워 이를 매개로 정보를 전달하자는 것이다. 이 계획이 성사되면 지구 어디에서나 쉽게 정보를 전송할 수 있게 된다. 정보화시대를 위한 인프라 구축의 완성형태가 된다.

1. 1세대통신 : Analog System 방식 AMPS

2. 2세대통신 : Digital 전송방식

3. 3세대통신 : CDMA(IMT2000-1X), WCDMA

통화자 개개인의 음성 및 영상정보를 디지털로 바꿔 고유코드를 부여해 전송할 수 있는 기 HSDPA : 3.5세대 통신을 통해 새로운 인맥의 구성을 최첨단화 할 수 있다.

.

26

변화의 시대에 대비한 멀티 인맥술

우리가 사는 환경은 우리가 만들어 가는 것이다.

내가 바뀔 때 인생도 바뀐다!

-앤드류 매튜스

멀티미디어는 하루가 다르게 발전하고 있다.

이런 변화의 시대를 개인은 어떻게 준비해야 하는가.

무엇보다 필요한 것은 열린 마음이다. 변화 자체를 수긍하고, 이에 대해 적극적으로 적용해 가려는 노력이 필요하다. 조금이라도 변화를 거부했다가는 즉시 도태되고 만다.

인맥 역시 마찬가지다.

이(異)업종간의 교류

멀티미디어 시대의 인맥 중 대표적인 것은 다른 업종간의 교류다. 이전까지는 전통적인 산업의 영역이 확고했다. 인맥 역시 자신이 소속된 영역에 국한되어도 큰 문제가 없었다. 하지만 이제 전혀 다른 산업이 하나로 융합되고 있다. 이런 시대에는 기존의 산업의 벽을 뛰어넘는 인맥의 확장이 필요하다. 바로 다른 업종간의 교류다. '멀티' 인맥이 필요한 것이다.

다른 업종 간의 교류는 인맥의 단순 확장이 아니다.

취미생활을 같이 하자는 식의 소박한 문제제기도 아니다. 이는 시대의 변화를 쫓아가려는 몸부림이요, 미래를 대비하는 인적 네트워크다.

27

이업종(異業種)간 교류를 위한 인맥술

모르는 점에 관해서는 그것에 정통한 사려 깊은
인물에게 물어보는 것이 최선이다.
책은 아무리 자세히 기록되어 있다 하더라도,
거기에서 완벽한 정보를 얻기란 어렵다.

-체스터필드

업종간의 교류에 앞서 열린 마음이 있어야 한다

비즈니스 세계에서는 정보수집의 신속함이 결정적인 역할을
한다. 다른 사람보다 먼저 정보를 얻을 수 있으면 그만큼 비즈니
스 기회도 늘어나기 때문이다. 노련한 비즈니스맨은 이런 정보를
다른 업종과의 교류를 통해서 얻는다. 다른 업종에서는 이미 상
식이 된 것이 자신이 종사하는 업종에서는 신선한 아이디어가 될
수 있다. 귀중한 정보가 회사 밖에서, 평범한 사람들의 일상적인
이야기 속에서 무심히 굴러 다니고 있다는 것을 명심하자.

다른 업종 간의 교류라면 다른 회사의 직원만을 생각하는 사람이 있다. 관공서나 검찰·경찰·정치권 등 힘있는 권력기관의 인맥만을 떠올리는 사람도 있다. 그러나 평소에 만나는 여자친구에서도 정보는 얻을 수 있다. 그녀가 패션감각에 뛰어난 사람이라면 앞으로 유행될 패션경향에 대한 아이디어를 얻을 수도 있는 것이다.

중요한 것은 다른 업종 간의 교류에 앞서 열린 마음이 있어야 한다. 열린 마음이란 다른 것을 인정하는 마음이다. 공동의 이익을 추구하는 마음이다.

다른 업종의 아이디어를 빼앗아 오기 위해 다른 업종 간 교류를 하는 것이 아니다. 미국식의 단순한 give and take도 아니다. 서로가 부족한 점을 메워주고, 서로가 가진 장점을 나누는 마음이다. 이런 마인드가 전제되어야 '멀티' 인맥을 만들어 나갈 수 있고, 미래를 대비할 수 있다.

28

컴퓨터 통신을 이용한 인맥술

그동안 우리에게 가장 큰 피해를 끼친 말은
바로 "지금껏 항상 그렇게 해 왔소"라는 말이다.

-그레이스 호퍼

최근 젊은이들 사이에서 유행처럼 번져가고 있는 컴퓨터 통신은 다른 업종 간 교류에 활용할 수 있는 첨단정보 네트워크로 인식되고 있다. 알고 있듯이 컴퓨터 통신은 다양한 기능을 갖고 있다.

첫째, 막대한 정보를 수집·정리·보관하고 있는 데이터베이스회사의 각종 정보를 이용할 수 있다.

이미 개발된 데이터베이스는 그 목록만 하더라도 두꺼운 책

한 권에 달할 만큼 다양하다. 상상할 수 있는 모든 정보가 데이터 베이스화되어 있다고 보아도 무방하다. 오히려 데이터베이스에 대한 정보가 널리 알려지지 않아 이용도가 낮은 형편이다.

둘째, 최근 멀티미디어가 유행하면서 컴퓨터 통신에서도 멀티미디어 정보를 제공하는 사례가 늘고 있다.

이전에는 활자정보만을 이용할 수 있었지만, 이제는 그림·음성·동화상정보까지 이용이 가능하다. 이는 지금까지 서로 분리되어 있었던 출판·영화·음반·사진 등 컴퓨터를 중심으로 통합된다는 사실을 의미한다.

셋째, 정보의 가공·변환·전달이 용이하다.

컴퓨터 통신정보는 화면으로 볼 수 있을 뿐만 아니라, 이를 디스켓에 저장할 수 있고, 이를 다시 복사하여 여러 장으로 만들 수 있고, 프린트하여 나누어 볼 수 있으며, 자신의 필요, 용도에 따라 마음대로 바꿀 수도 있다.

넷째, 다른 업종과의 인맥을 구축하는 데 큰 기여를 한다.

컴퓨터 통신에는 취미·지역·업종 등 모든 영역에서 동호인 모임이 구축되어 있다. 원하는 모든 인맥구축의 기회가 마련되어 있다고 생각해도 좋다. 심지어 컴퓨터 통신으로 만난 남녀가 결혼에 성공한 사례까지 있을 정도다.

다섯째, 최신정보를 신속하게 주고받을 수 있으며, 나이와 성별을 초월하여 누구나 평등한 대화를 나눌 수 있다.

국내 어디서나 시내전화요금 수준의 저렴한 비용으로 이용할 수 있고, 자신이 편리한 시간을 두고 차분하게 자신의 생각을 정리하여 전달할 수 있다.

현재 우리나라에서 컴퓨터통신을 이용하는 사람은 현재 1,000만 명에 이르고 있다. 전 세계적으로는 18억 2,000만 명에 이르고 있다.

수는 곧 힘이다. 빠른 시간 안에 컴퓨터통신은 무시할 수 없는 미디어로 자라날 것이다. 새로운 인맥의 보고로 등장한 컴퓨터 통신을 적극 이용할 줄 알아야 한다.

29

인맥을 활용한 비즈니스 인맥술

한번 실패와 영원한 실패를 혼동하지 말라

-F. 스콧 핏제랄드

제3자, 자신, 의뢰인 순으로 이익의 우선순위를 정하자!

키맨 네트워크의 멤버들 중에는 "신규사업에 협력해 줄 수 있는 멤버를 소개해 주십시오"라는 부탁을 하는 사람이 있다. 그런 경우 나의 판단기준은 다음과 같다.

첫 번째, 제3자의 이익이 되느냐? 두 번째, 만약 된다면 제3자의 이익이 가장 큰 것이냐?

이 두 가지 중의 한 가지에 해당되지 않으면 반드시 거절한다. 이것은 인맥을 활용해서 비즈니스를 전개하는 경우에 주의해야 할 점이다. 반드시 이익의 우선순위를 제3자, 자기(나), 의뢰자의 순서로 정해 두어야 한다.

이 순위 이외의 의뢰사항은 절대로 거절한다. 순서는 그렇지만, 제3자에게만 이익이 발생하고 자신과 의뢰자는 적자인 경우에도 거절한다. 마찬가지로 의뢰자만 적자를 보게 되는 경우에도 거절해야 할 것이다. 인간관계를 길고 부드럽게 지속하는 비결은 여기에 있다. 또 인맥을 비즈니스로 전개하는 포인트도 여기에 있다.

눈앞의 이익에만 현혹되어 키맨을 간단하게 소개해서는 안 된다. 더구나 돈이 부수적으로 따라다니는 경우에는 더욱 그렇다.

"그 주재자는 우수한 사람이라고 생각했는데 그게 아냐. 몇 푼 안 되는 돈 때문에 나를 이용했다고." 이런 식의 오해를 받게 되면 그야말로 처참한 상황에 놓이게 될 것이다. 선의가 오해를 부르게 된다면 얼마나 공허한가.

'나도 당신도 아닌 제3자에게 이익이 있다'고 확신했을 때 사람은 한층 현명하게 행동하게 된다.

그러나 키맨 네트워크의 활동을 전개해 오는 동안에 여러 분야의 사람들이 모여 들었는데 참가동기는 비즈니스에 활용하기 위한 것이라고 해야 솔직한 표현이 될 것이다. 대부분 자기계발, 정보수집, 사람들에게 흥미가 있어서라고 이유를 말하지만 계기는 '내 상품을 사줄지도 모른다', '새로운 회사의 거래처가 될지도 모른다' 등일 것이다. 틀림없이 그런 기대심리가 있을 것이라고 나는 생각한다.

그런 생각은 얼마든지 가질 수 있다. 오히려 그런 생각도 없이 모임에 무조건 참가하는 비즈니스맨이 실격이라고 말할 수 있다. 그러나 계기는 비즈니스의 활용에 있다고 해도 그런 마음으로 10년 이상을 지속하는 사람은 없다. 처음에는 비즈니스맨으로서 어느 정도의 성과를 기대하고 참가했다 해도 도중에 그것은 부록으로 바뀌고 더욱 중요한 무엇인가가 있다는 것을 깨닫게 된다. 그리고 그렇게 깨달은 사람만이 남게 된다. 비즈니스 세계에서 자연 도태되어 가는 것이다.

그렇게 해서 남은 멤버들 중에서 서로의 마음, 성격, 버릇, 실력 등의 조사가 끝나면 '우리 회사의 비즈니스를 꼭 저 사람과 함께 전개해 나가고 싶다'는 식으로 자연스런 비즈니스 관계로 이어지게 되는 것이다. 그런데 사람들은 대부분 이런 과정을 거치지 않고 단숨에 비즈니스를 성공시키려 하기 때문에 다른 사람들의 미움을 받게 되고 실패하게 되는 것이다.

"그 사람은 내 인맥이라서 잘 알고 있으니까 무엇이든지 내게 상의하십시오"라는 식으로 말하는 사람을 가끔씩 볼 수 있는데 사실은 인맥이라고 내세울 만한 관계가 아닌 경우가 많다. 키맨과 관계가 깊다면 그런 식으로 싸구려 청탁을 받아들일 리가 없다.

30

새로운 분야의 사람들과의 인맥술

도움이 될 만한 사람과 그 일을 함께 하라.

누군가와 함께 하면 혼자 하는 것보다

효과적이고 포기하지 않는다.

-윌리엄 메닝

컴퓨터 통신 외에도 새로운 분야의 사람들과의 교류방법은 많다.

가장 손쉬운 방법은 취미모임이다.

앞에서도 강조했듯이 서로 다른 직장에 근무하면서 취미를 통해 인맥을 다진다. 좋아하는 취미를 매개로 만나는 만큼 늘 대화가 풍성하고 유쾌하다. 또 취미모임을 유지하기 위해서는 정기적으로 만나야 한다. 인맥을 구축할 수 있는 좋은 조건이 되는 것이다.

대화에 치중한 교류를 하고 싶은 사람은 프리토킹 모임이 좋다

아무리 준비 없이 모임에 참석하여 그 날 제시된 주제에 따라 발언하는 것이다. 준비 없이 발언하지만, 실상은 소속업계의 경험과 판단이 들어 있기 때문에 듣는 사람 입장에서는 큰 공부가 된다. 이런 유형의 모임은 아무런 부담감 없이 모일 수 있다는 장점이 있다. 어떤 사람들은 아예 '술 마시는 모임'을 만들어 정기적으로 술자리를 가지며 정보를 교환하기도 한다.

조금 진지한 모임을 갖고 싶은 사람은 연구모임이 좋다

서로 관심 있는 주제를 선정하여 주기적으로 만나 공부하는 것이다. 이런 방법은 여러 명과 함께 공부하면서 개인으로서는 이룰 수 없는 높은 수준의 인식이 가능하다는 장점이 있다. 인간관계 또한 공부를 매개로 하기 때문에 진지할 수밖에 없다.

새로운 자연과학 관계의 모임도 바람직하다

현대사회는 '자기 자신을 찾는 시대'라고 생각한다. 그래서 항간에서는 신흥종교, 인격개조 강좌 등이 대유행하고 있다. 키맨 네트워크에서도 초청 강사가 영성이 탁월한 자인 경우에 참가자 수가 증가하는 것을 보면 시대가 많이 변했다는 것을 통감한다. 이런 것들의 바탕에는 모두 자기 자신을 찾자는 마음이 깔려 있다고 나는 인식하고 있다.

또 키맨 네트워크에는 경영자, 비즈니스뿐 아니라 변호사, 회계사, 의사, 대학교수, 주부까지 참가하고 있다는 것을 보아도 그런 현상을 잘 알 수 있다. 그들은 모두 비즈니스만이 목적이 아니다.

진정한 목적은 무엇일까. 지금 자기가 종사하고 있는 일 이외에 자신의 천직이 있는 것이 아닐까 하는 것이다. 사람들은 지금까지 자신이 원해서가 아니라 흐름에 따르다 보니 이런 직업을 가지게 되었다고 생각하는 경우가 많다. 그러니까 현재의 자기는 가식적인 모습이고 자기의 천직은 따로 존재한다고 생각하는 것이다.

'누군가 내게 정확한 충고를 해 주었으면. 아니, 그것을 깨달을 수 있는 계기만이라도 가르쳐 주었으면.'

이렇게 바라고 있는 것이다. 그렇기 때문에 최근에는 새로운 자연과학과 관련있는 모임이 성행하고 있다. 요즘이야말로 자연과학에 대한 사람들의 관심이 가장 고조되어 있는 시기라고 말할 수 있다.

문제는 이런 자연과학관계의 모임이 자칫하면 편견에 사로잡히기 쉽다는 점이다. 이 점을 주의한다면 자기 자신을 찾기 위한 새로운 발견이라는 의미에서 권장할 만한 모임이라고 말할 수 있다.

Part 5

제 5 장

성공의 열쇠, 인맥관리 비법

- 인맥을 얻는 것보다 중요한 것,

바로 인맥을 잘 관리하는 것이다,.

31

사람의 마음을 움직인다

당신의 마음속에 식지 않는 열과 성의를 가져라.

그러면 인생의 빛을 얻으리라.

-벤자민 프랭클린

　　좋은 인맥을 만나는 사람들의 특징은 언제나 상대의 입장에서 생각한다. 인맥을 관리하기 위해서는 상대를 배려하고 세심하게 신경 써야 한다는 것을 알고 있는 이들이다.

　　그렇다면 상대의 마음 속에 내 얼굴과 이미지를 남길 수 있는 방법은 어떤 것이 있을까? 사실 인맥을 관리한다는 것은 단순히 관리에만 머물러서는 안 된다. 상대의 마음을 움직여 새로운 관계로 발전해야 하기 때문이다. 여기서는 쉽고 간단하지만, 상대의 마음을 움직일 수 있는 몇 가지 방법들을 알아보자.

마음을 담은 편지

꼭 하고 싶은 이야기가 있는데 얼굴 보며 하기가 쑥스럽거나 어려울 때, 편지는 마음을 전하는 최적의 도구이다. 실제로 받아 본 사람은 알겠지만, 마음이 담긴 편지는 상대를 움직인다. 그러나 이 편지쓰기에도 일정한 원칙이 있다.

첫째, 상대방에 맞추어서 써야 한다.

상대의 형편을 자세하게 알아 그에 맞는 안부 인사나 내용을 선별해야 한다는 뜻이다. 또 그러기 위해서는 그 사람의 주변에 대해 관심을 가지는 것 역시 중요하지만, 그것이 현실적으로 어려울 경우에는 최대한 예측할 수 있는 상황에서부터 시작하자.

둘째, 이익이 되는 정보를 준다.

나에게도 도움이 되고 그 사람에게도 도움이 되는 정보를 딱딱하지 않게 전달한다. 그것이 상품에 대한 이야기라면 안부를 물은 뒤, 객관적으로 상품에 대한 설명을 곁들인다. 간접적으로 상품을 선전하는 동시에, 그 자체로 정보의 가치가 있으니 고객과 보내는 사람 모두에게 도움이 되는 셈이다.

셋째, 다음 편지를 기다리게 만들자.

호기심은 가장 큰 에너지다. 다음에는 무슨 이야기가 나올지 궁금하게 만들어라. 편지 말미에 다음에 대한 작은 예고를 주거나 흥미로운 문구를 넣어주면, 다음 편지에 대한 집중력이 한결 높아진다.

소중한 선물

인맥 관리란 서로가 서로에게 관심이 있고 중요한 사람이라는 것을 꾸준히 확인해가는 일이다. 바로 이럴 때 선물은 강력한 밀착 효과를 발휘한다. 선물 속에는 보내는 사람, 받는 사람의 고마움이 생겨나면서 두 사람의 관계를 더욱 견고하게 해준다. 다음은 선물 주고받기의 작은 원칙들이다.

첫째, 좋은 일이 있거나 도움을 받았을 때 선물한다. 선물은 적극적으로 마음을 표시하는 일이다. 좋은 일이 생겼다는 것은 비단 나만 잘해서 생긴 일은 아니다. 따라서 주변 사람들에게 작게나마 그 고마움을 표시하면, 기쁨도 커질 뿐 아니라, 좋은 기분으로 관계를 유지할 수 있다.

둘째, 같은 선물도 그 효용 가치를 고민해야 한다. 즉 선물의 가치를 높이라는 뜻이다. 구체적으로 보면, 첫째, 선물 받는 사람이 사기 힘든 물건이 좋고, 둘째, 상대방에게 꼭 필요한 물건이면 더더욱 좋다.

마지막으로 선물은 많은 말이 없이도 나의 이미지를 좋게 인식시킬 수 있는 방법이다. 즉 새로운 인맥을 개척할 때, 자신을 기억시키고 상대와 좀더 부드러운 분위기에서 만나고 싶다면 작은 선물을 준비하자. 특히 남들이 다하는 그런 선물 대신, 좀더 창의적인 선물이라면 더더욱 좋다.

32

인맥 데이터베이스를 활용한다

오늘은 여러분에게 남은 인생의 첫 날이다.

자신이 서있는 곳과 나아가는 방향에 만족하는가?

그렇지 않다면 자신의 인생을 조종하고 변할 필요가 있는 것들은

모조리 변화시켜라. 여러분만이 이런 일을 할 힘을 가지고 있다.

여러분은 자신의 세상을 변화시킬 수 있다.

-나폴레온 힐

무슨 일을 하든 좋은 연장을 사용하면 그 효율성 또한 배가된다. 그렇다면 인맥 관리에 있어 가장 중요한 것은 무엇일까? 그 효용성을 잘 아는 사람이라면, 관심 있는 개개인들의 정보가 담긴 인맥 데이터베이스라는 점을 부정하지 못할 것이다. 그렇다면 인맥 데이터는 어떻게 사용되고 있는가 살펴보기로 하자.

인맥은 관심이다

인맥을 쌓는 기술은 타고나는 것이 아니다. 다만 기존에 알고 지내던 사람들부터 새로이 만나게 된 사람들까지, 수많은 정보들을 관리하고 정리하는 능력이 탁월하다면 인맥 관리 전문가의 반열에 들 수 있다고 해도 과언이 아니다. 실제로 인맥의 달인들은 주변 사람에 대한 자료를 끊임없이 정리하는 습관이 있다. 그들은 주변 사람들의 상황을 상대가 부담스러워하지 않게 수없는 연락과 관심을 통해 수집하고 정리한다.

또 그렇게 만들어진 데이터는 데이터로 머물지 않는다. 데이터는 어디까지나 데이터일 뿐, 그것을 통해 계속해서 연락하고 정보를 공유하고 만나는 장을 만들어나가야 하기 때문이다. 물론 이렇게 계속 연락을 한다고 해도 상대가 나만큼 관심을 보여주지 않을 수도 있고, 아예 답장이나 보답이 없을 수도 있다.

그러나 지속적인 연락이 결국 신뢰로 되돌아오는 경우가 많다는 점을 명심한다면, 이 역시 그다지 손해 보는 일은 아닐 것이다.

효과적인 인맥 관리

끊임없이 수정되고 갱신되는 데이터베이스. 이 데이터를 관리하는 연장 또한 중요하다. 근래 들어 수정과 갱신이 쉬운 인맥 관리 프로그램까지 출시되고 있는 것을 보면 인맥 관리의 중요성을 다시 한번 실감할 만하다. 그렇다면 당신은 과연 어떤 연장을 선택할 것인가? 어떤 이는 뛰어난 신상 관리 컴퓨터 프로그램으로 개인들의 신상을 관리하고 갱신한다. 또 어떤 사람은 그냥 수첩으로 적고 그것들을 지우거나 고쳐가면서 데이터를 만들어낸다.

여기서 중요한 것은 어떤 것이 내게 어울리는 데이터 연장이냐는 점이다. 자기에게 익숙한 것을 골라 꾸준히 사용하고 관심을 기울이려는 노력만 있다면, 굳이 비싼 프로그램보다 수첩 한 권이 더 유용할 수도 있다.

기본에 충실하라

아마 이 장을 읽으면서 많은 분들이 '데이터를 작성한다고 혹시 어렵고 복잡한 일이 아닐까?' 앞선 걱정으로 엄두조차 내지 못할 수도 있을 것이다. 그러나 데이터 작성은 어디까지나 기본에 충실하게 시작하면 된다. 그 사람의 생년월일과 근무 부서, 직위 등 아주 기본적인 것이 바로 그 단초다. 그러나 데이터가 그저 앙상한 뼈대로만 남는다면 실전에서 그다지 유용할 수 없다. 그래서 바로 여기에 살처럼 덧붙이는 것이 바로 '인간적인 관심사'다.

하지만 '인간적인 관심사'라 해서 많은 것을 요구하는 것은 아니다. 만일 관심을 두고 있는 사람이 있다면, 일단 그 사람의 취미, 좋아하는 스포츠는 있는지, 그 사람의 배우자는 어떤 사람인지, 서두르지 않고 조금씩 살을 붙여나가다 보면 언제 어디서나 효과적으로 사용할 수 있는 멋진 프로필들이 완성될 것이다.

33

인맥 관리에 성공하는 사람들이란

〈생산적〉이라는 것이야말로

〈올바른 인간 관계〉에 대한 단 하나의 타당한 정의이다.

-피터 드러커

　　원만한 대인 관계야말로 비즈니스 성공의 기본이라는 것을 모르는 사람은 없을 것이다. 유연하고 능동적인 사람은 스스로의 업무에도 자신감이 넘칠 뿐 아니라, 주변 사람들에게도 많은 도움을 주고받기 때문에 언제나 주변에 사람들이 모인다. 계속 강조하지만 능력 있는 인맥 달인들의 공통점을 살펴보도록 하자.

　1. 늘 사람에게 정성을 기울인다.

우리는 의외로 작은 정에 마음을 열게 된다. 인연이 인연으로서만 남는 것이 아니라 '정'이라는 새로운 이름 아래 더욱 발전적으로 나아갈 수 있다는 뜻이다. 특히 요즘 같은 경쟁 사회에서는 작은 '정'에도 고마움을 느끼는 이들이 많다는 것을 명심하자.

2. 작은 약속도 소홀히 하지 않는다.

비즈니스는 약속의 관계라고 해도 과언이 아니다. 누구도 신용 없이는 상대와 손을 잡으려 들지 않는다. 따라서 아무리 작은 약속도 내 '신용'과 관계된다는 생각으로 늘 최선을 다하자. 기본적으로 자신과의 약속을 잘 지키는 사람들은, 타인과의 약속에도 충실한 편이다.

3. 시간 활용에 능숙하다.

어정쩡하게 놓아두면 그냥 흘러가버리는 하루 24시간. 이 시간을 어떻게 쪼개어 누구를 만나는가가 앞으로 내 인생을 결정할 수 있다. 무심하게 흘려보내는 시간을 사람들과 함께 하는 시간으로 돌려보자.

4. 모임의 주역으로 활동한다.

적극적으로 데이터를 만들고 갱신하는 사람이라면 그 실천에서도 적극적인 편이다. 그런 이들은 모임을 만들고 사람들을 초대하는 데 기쁨을 느낀다. 또 그렇게 모임이 성사되고 나면, 실제로 단순 참가자에 비해 주재자는 두 배 이상의 인맥 관리 성과를 올린다.

5. 윗사람과 즐겁게 어울린다.

많은 이들이 후배들과는 잘 어울리면서 상사와는 거리를 둔다. 그러나 바로 윗사람과의 유대관계는 실질적으로나 정신적으로나 많은 도움이 된다. 일단 한두 사람과 마음을 열고 관계를 맺다 보면, 스스로에 대한 믿음과 확신이 커지면서 더 능동적인 대인관계 활동을 즐길 수 있다.

6. 받는 것 이상으로 베푼다.

인생사 남에게 베풀면 그 이상으로 돌아온다는 이야기……

실제로 이 지론은 많은 처세가들 사이에서 오르내리는 잠언 중의 잠언이다. 이는 인간관계의 원칙을 가장 잘 보여주는 말이기 때문이다. 작은 욕심을 버리고 받는 것 이상의 것을 넉넉하게 베푸는 사람들은 하나를 주고 둘을 얻는 것은 물론, 그 주변에도 사람들이 모여들게 마련이다.

인맥 관리에서 실패하는 사람들의 공통점

1. 마음의 문을 쉽게 열지 않는다.
2. 작은 일을 소홀히 한다.
3. 상대의 말에 귀 기울이지 않는다.
4. 상대의 약점을 이용한다.
5. 모르는 사실에서도 아는 척을 한다.

34

모든 인맥은 자산이라는
긍정적인 마음을 가진다

평소에 공손하고 일을 하는데 신중하고 사람을 대하는데 진실하라.

그러면 비록 오랑캐 땅에 간다 할지라도 버림 받지 않을 것이다

-공자

혹자는 인맥을 만드는 것도 중요하지만, 더 중요한 것은 그 관리라고 했다. 그런가 하면 혹자는 가진 인맥을 잘 관리하는 것도 중요하지만, 누군가의 인맥을 이어받는 것 또한 그에 못지않게 중요하다고 말한다.

인맥이 만들어내는 또 다른 인맥

사실 비즈니스 세계에서의 인맥은 한계가 있다. 우리가 사무실에서 만나는 사람들은 극히 한정적이며, 또 거래처라고 해도 무

작정 가지를 뻗어나갈 수 있는 것은 아니다. 흔히 주변에서 이런 이야기를 들어보았을 것이다. "상사의 소개로 어떤 자리에 나갔는데, 거기에서 만난 사람과 좋은 관계로 남게 될 것 같습니다."

맞는 이야기다. 인맥은 혼자 만들어가는 게 최선이 아니다. 자연스레 이어지는 인맥의 연결 고리, 즉 이미 알고 지내는 사람을 통해 상대를 수월하게 만나갈 수 있기 때문이다.

즉 인맥이 자라나 또 다른 인맥을 낳는 셈이다.

특히 인맥을 잘 만나고 이어받으려면 무엇보다도 상사들과 가깝게 지내고 내 능력을 보여주는 것이 중요하다. 상사가 자신의 인맥을 당신에게 나누어주려 한다는 것은, 당신을 여러모로 인정하고 있다는 의미와 같다.

여기서 상사의 인맥을 이어가는 것은 어디까지나 자신의 노력 여하에 달려있다. 소개 받은 인맥에게 최선을 다하는 일 역시 중요하다. 인맥을 이어받는 것은 자연스러운 일이지만, 보이지 않는 스스로의 노력이 더 큰 힘을 발휘하게 해주기 때문이다.

모든 관계가 재산이다.

가끔 인맥을 소개받고도 난감할 때가 있다.

내가 목적하는 바를 펼칠 수 없을 만한 상황에 놓여 있는 사람이거나, 아예 생뚱맞을 때도 있다. 그러나 인맥은 말 그대로 어떤 중요한 흐름을 뜻한다.

나와는 맞지 않는다고 해서, 단순히 이익이 되지 않는다고 해서 무조건 무심해져서는 안 된다.

언제 어느 순간 그 인맥이 새로운 모습으로 탈바꿈할지는 누구도 모르는 일이며, 바로 그런 상황에서 사람에 대한 나의 기본적인 태도가 드러나기 때문이다.

실제로 처음에는 아무 도움이 되지 않는 관계였다 하더라도 내 노력 여하에 따라 그 사람과 새로운 관계를 맺는 경우도 적지 않다.

예를 들어 영업 사원들의 경우 인맥을 자주 소개받게 된다. 그러나 거래처의 모두가 영업사원들에게 친절한 것은 아니다.

어떤 때는 정중하게 인사를 하고 누구누구로부터 소개를 받고 온 누구라고 자기소개를 확실히 했는데도, 고개를 도리도리 저으며 관계 맺기를 거부하는, 말 그대로 난감한 인맥도 있다.

그러나 우리의 비즈니스 능력은 바로 이런 극한 상황에서 드러난다.

거기서 고개를 꺾고 그냥 돌아선다면 그것은 어디까지나 내 능력치의 한계다.

어려운 상황에서, 어려운 사람을 만났을 때조차, 그 인맥을 놓치지 않는 노력과 열정은 때로 나쁜 상황을 좋은 상황으로 탈바꿈시키기도 한다.

나만의 인맥 만들기 철학을 가진다

과거의 한 토막으로 새날을 더럽혀서는 안 된다.

온 천하의 권력을 모아도 지나간 과거는 다시 불러 올 수가 없다.

어찌 그 지나간 일로 해서 괴로워하고 슬퍼하는가.

물은 이미 흘러갔고, 흐르는 물을 쫓아 갈 필요는 없다.

사람은 과거의 실수와 씨름만 안 한다면 누구나 훨씬 행복하게 될 수 있다.

- 벤자민 프랭클린

성공하는 사람들에게는 철학이 있다. 세상사든 일이든 자기만의 철학을 가지고 움직이는 사람은 강하다는 뜻이다.

예를 들어 어떤 사람은, 사람을 만날 때 무조건 경제적 이익, 을 따진다. 그럴 경우 그 사람의 처음은 좋을지언정 그 생명력은 길지 못하다. 또 어떤 이는 몇몇 인맥에 실패했을 경우 그 후유증이 오래 가는 바람에, 다른 인맥을 만날 때에도 쉽게 주눅이 든다.

그러나 사람을 만나는 것 또한 우리 인생사의 법칙과 다르지 않다. 난관과 어려움 속에서 인맥 만들기의 재능도 성장하는 법이다. 그리고 이 어려운 순간에, 바로 나만의 공식이란 게 필요한 법이다.

나만의 인간관, 자기 논리를 찾아라.

사람에 대한 나의 생각과 그것을 펼쳐나갈 수 있는 논리만 있다면, 그 어떤 상대를 만난다고 해도 무서울 것이 없다. 실제로 모임의 중심이 되는 키맨들은 모두가 자신들만의 확고한 생각들을 가지고 있다. 그들은 그 인간관 속에서 능동적으로 움직이고 영역을 확대해나가면서 어려움을 극복한다.

이러한 인간관과 논리를 얻기 위해서는 현명한 지혜와 다양한 경험, 마지막으로 굴하지 않는 열정이 필요하다. 누구나 처음부터 키맨이었던 것은 아니라는 뜻이다.

이 지혜와 경험, 열정은 어느 하나도 소홀히 해서는 안 된다. 예를 들어 이것을 힘찬 소리를 퍼뜨리는 키맨의 트라이앵글이라고 할 때, 어느 한 부분이 없거나 부족하다면 맑고 강한 소리는 퍼져 나올 수 없다.

그런가 하면, 아무리 좋은 인간관과 논리도 실천 없이는 제 빛을 발할 수 없는 법이다. 꼼꼼한 자기 관리와 능동적으로 움직이는 노력 없이는 자기의 논리를 제대로 펼쳐볼 기회조차 얻지 못하기 때문이다.

움직이면서 생각하라.

어떤 사람은 너무 생각 없이 움직여 손해를 보고, 또 어떤 사람은 너무 생각만 해서 손해를 본다. 사람을 만나는 일에는 정해진 왕도가 없다. 원칙을 지키고 만나되 자신만의 경험으로 쌓은 특별한 노하우를 부지런히 곁들인다면, 그 사람은 필히 인맥 만들기의 점수 100을 향해 나아갈 수 있다.

머리와 발은 항상 동일선상에서 움직여야 한다. 모른다고 해서 움츠러들어 있지도 말 것이며, 발이 바쁘게 움직인다고 해서 그저 계획 없이 움직인다면 성과를 얻는다고 해도 반쪽일 수밖에 없다.

머리와 발이 협조하며 하나가 되는 인맥 만들기에 성공하려면, 깊이 생각하되 움직이고, 발 빠르게 움직이되 내 논리를 펼쳐나가는, 순발력과 재치가 반드시 필요할 것이다.

백 년이 지나도 변하지 않을, 인맥 만들기 법칙

시간이 지나면 강산도 변하게 마련이다. 그러나 그 와중에도 변하지 않는 법칙 또한 존재한다. 아주 오래전부터 그러했고, 앞으로 수백 년이 지나도 변하지 않을 인맥 만들기의 법칙, 하나 하나 체크하며 마음에 새겨보도록 하자.

1. 목적 없는 만남은 스쳐 지나는 바람에 불과하다.
2. 인맥, 정보, 철학, 교양, 감성, 자본, 건강에 힘쓰라.
3. 이익보다는 사람과의 교류를 우선하라. 새로운 만남이 시야를 넓혀준다.
4. 사람을 만날 때 결과보다는 과정을 소중히 여겨라.
5. 모든 일을 행운으로 받아들일 줄 아는 사람이 되라.
6. 자기만의 강렬한 매력을 갖추어라.
7. 자신의 최대약점을 극복하라.
8. 누군가를 만나고 싶다면 반드시 수첩에 이름을 적어라.
9. 상대가 무능하다고 해서 무시하지 말라.
10. 늘 첫인상에 신경을 써라.
11. 명함은 자신을 기억하게 하는 최초이자 최후의 기회다.

당신의 인맥 노하우, 몇 점입니까?

내 주위에 숨어있는 0.1% 인맥을 찾아라!

전문가들이 권하는 인맥 지수 테스트

1. 나는 대화를 통해 상대방의 호감을 얻을 자신이 있다.

2. 나는 남에게 나 자신을 감추고 싶어 한다.

3. 나는 첫인상이 중요하다고 생각한다.

4. 나는 남을 배려하는 편이다.

5. 나는 타인에 대한 투자가 나중에는 내게 돌아온다고 생각한다.

6. 나는 남에게 선물하는 것을 좋아한다.

7. 나는 주변의 경조사를 아주 잘 챙기는 편이다.

8. 나는 남에게 크게 도움을 받아본 적이 있다.

9. 나는 적극적이고 호기심이 많다.

10. 일주일에 두 번 이상 운동을 하고 음식 관리에도 신경 쓴다.

11. 나는 나의 약점을 잘 알고 있다.

12. 나는 때로 타인의 약점을 지적해주고 충고한다.

13. 나는 유머스럽다는 말을 종종 듣는다.

14. 나는 정말 곤경에 처한 사람을 도와준 적이 있다.

15. 나를 좋아하는 상사나 윗사람이 많다.

16. 나는 사람 관계에서 유행이나 패션도 중요하다고 생각한다.

17. 나는 다수의 의견에 반대를 제시한 적이 있다.

18. 나는 조직생활에 적응을 잘하는 편이다.

19. 나는 내 재능을 개발하는 일에 흥미가 있다.

20. 나는 내가 어려울 때 나를 도와줄 수 있는 친구가 3명 이상 있다.

21. 나는 시간을 효율적으로 이용하는 편이다.

22. 나는 10년 후 인생의 목표를 설계해본 적이 있다.

23. 나는 상대방과 이야기할 때 눈을 바라본다.

24. 나는 존경하는 멘토가 있다.

25. 나는 새로운 정보 수집에 발 빠르게 움직인다.

26. 나는 효율적으로 시간을 이용하는 편이다.

27. 나는 한 개 이상의 취미활동을 가지고 있다.

28. 나는 혼자 하는 일보다는 어울려 하는 일을 즐긴다.

29. 나는 친한 사람들과 자주 연락하는 편이다.

30. 나는 새로 받은 명함을 깔끔하게 정리한다.

31. 나는 두 개 이상 어떤 목적을 가진 모임에 나가고 있다.

32. 나는 어려운 시절 나를 도와준 사람을 결코 잊지 않는다.

33. 나는 끈기 있게 노력하면 행운을 얻을 수 있다고 생각한다.

34. 나는 직장에서 사랑받고 싶어한다.

35. 나는 선한 일을 위해서라면 있는 힘을 다해 노력한다.

'예' 라고 대답한 문항의 숫자를 합산한 후, 결과를 확인하세요!

1-17 자기계발로 나아갈 시기

당신은 직장 안에서도 무리 없이 생활하고 크게 문제를 일으키는 일은 없지만, 아직까지는 의욕이 부족한 편이다. 어쩌면 인맥이라는 것의 소중함을 몸소 느끼지 못했기 때문일 수도 있다. 예컨대 내 일만 잘하면 설마 무슨 문제가 있겠어? 하고 느끼는 지나친 안정형일 수도 있다. 그리고 바로 이런 이유로 해서 승진 문제가 불거지기라도 하면 당신은 쉽사리 승진 대상에 오르지 못한다. 인맥도 자기계발이다. 타인의 삶과 사람 사이의 주고받음에 좀더 민감해질 필요가 있다.

17-27 인맥의 철학을 쌓아갈 시기

이 정도로 활동하고 움직인 사람이라면 어느 정도 일에는 원칙을 적용할 만큼 경험도 해보았을 것이다. 당신은 사람들 속에서 도움을 주고 받는 일의 소중함을 알고 있고, 인맥의 키맨이 되기 위해 노력하고 있다. 이제 당신에게 필요한 것은 성공과 실패의 경험을 토대로 자신만의 철학을 쌓아가는 일이다. 설사 어려

움이 있어 좌절했다고 한들, 앞으로 왕성하게 활동할 시기가 다가
오리라는 점을 염두에 둔다면 과거에 얽매여 전진하지 못하는 불
상사는 생기지 않을 것이다.

28-35 정열을 유지하기

당신은 굉장한 열정가이며 사람 만나기를 즐긴다. 처음에는
이익 때문에 만났다가도 이내 그들을 함께 걸어가는 동료로 만드
는 수완을 가지고 있다. 그러나 이 시기 또한 쉽게 넘겨서는 안 된
다. 사람이란 자칫 긴장의 끈을 놓으면 관성에 빠지기 쉽다. 이제
껏 해왔던 원칙을 그대로 고수하기 보다는, 좀더 나은 방법으로
발전시켜나가야 하며, 그러기 위해서는 정열을 유지하는 것이 무
엇보다도 중요하다.

성공자들만이 알고 있는 결정적 전략!

평범한 당신을 행동하는 야심가로 만들어 줄 것이다.

치열한 경쟁사회에서 낙오자가 되지 않으려면 많은 인맥과 더
불어 이루어가는 힘이 필요하다. 이제 타고난 사교성을 동원하여 자
신만의 인맥만들기에 최선을 다해야 한다.

'최고 인맥만들기' 교육 프로그램

당신이 원하는 인맥 형성에 만족스럽습니까?

요즘 가장 주목받고 있는 개념이 바로 NQ(Network Quotient)입니다.

NQ란 '연줄'과 '배경'으로 연명하던 구시대적인 인맥개념이 아니라, 다른 사람과 관계를 맺고 또 그 관계를 발전시켜 '나만 잘하면 성공한다'는 식이 아니라 '너와 나, 우리 모두 잘되는 것이 진정한 성공'이라는 공존의 개념입니다.

컨설팅사 프라이스 워터하우스 쿠퍼스(PwC)의 컨설턴트인 존 팀펄리는 "내 꿈을 가장 빠르고 효과적으로 이루는 길은 내게 도움을 줄 수 있는 사람과 연결기반을 마련하는 것"이라면서 "이 제는 무엇을 아느냐(Know What)가 아니라 누구를 아느냐(Know Who)가 더욱 중요한 시대"라 고 강조합니다.

기업의 경우 어느 정도 지위까지는 그 사람의 전문성을 고려하지만 중역으로 승진할 때 얼마나 많은 경험을 쌓았으며 얼마나 이들과 관계를 맺고 있는가를 고려합니다.

이제 '최고 인맥 만들기 교육'으로 당신의 NQ지수를 업그레이드 하십시오!

교육 내용

■ 무어의 법칙과 인맥법칙   ■ 스톡테일 법칙과 인맥관계   ■ 세상에서 가장 행복한 사람은?   ■ 인맥관리 이해와 백만불짜리 습관   ■ 인맥관리 분석법과 인맥관리 목표 설정법   ■ 파워인맥 구축전략법과 휴먼네트워킹 전략   ■ 인간 관계 언어 커뮤케이션과 배려기술   ■ 비언어 커뮤니케이션과 신데렐라에게서 배 우는 인간관계   ■ DB관리 &디지털 인맥관리   ■ 개인브랜드 & 경력관리 & 프로모션 전략

교육 방법

기업체나 단체기관에 출강하여 강의합니다. (특강/워크숍/세미나)

교육 문의

체계적인 인맥관리와 개인역량 강화를 통해 모든 개인들이 자신의 잠재력을 최대한 찾아내 고 이를 효과적으로 발휘할 수 있도록 돕기 위해 인맥관리, 경력관리, 역량계발, 리더십 훈련, 교수기법 등을 진행하는 전문교육컨설팅 연구소입니다.

e-mail : hopejang19@empal.com   HP : 011-761-9113

Memo

Memo

Memo

Memo

당신이 생각한 마음까지도 담아 내겠습니다!!

책은 특별한 사람만이 쓰고 만들어 내는 것이 아닙니다.
원하는 책을 기획에서 원고 작성, 편집은 물론,
표지 디자인까지 전문가의 손길을 거쳐
완벽하게 만들어 드립니다.
마음 가득 책 한 권 만드는 일이 꿈이었다면
그 꿈에 과감히 도전하십시오!

업무에 필요한 성공적인 비즈니스 뿐만 아니라 성공적인 사업을 하기 위한
자기계발, 동기부여, 자서전적인 책까지도 함께 기획하여 만들어 드립니다.
함께 길을 만들어 성공적인 삶을 한 걸음 앞당기십시오!

도서출판 모아북스에서는 책 만드는 일에 대한 고민을 해결해 드립니다!

모아북스에서 책을 만들면 아주 좋은 점이란?

1. 전국 서점과 인터넷 서점을 동시에 직거래하기 때문에 책이 출간 되자마자 온라인,
   오프라인 상에 책이 동시에 배포되며 수십년 노하우를 지닌 전문적인 영업마케팅
   담당자에 의해 판매부수가 늘고 책이 판매되는 만큼의 저자에게인세를 지급해
   드립니다.

2. 책을 만드는 전문 출판사로 한 권의 책을 만들어도 부끄럽지 않게 최선을 다하며
   전국 서점에 베스트셀러, 스테디셀러로 꾸준히 자리하는 책이 많은 출판사로 널리
   알려져 있으며, 분야별 전문적인 시스템을 갖추고 있기 때문에 원하는 시간에
   원하는 책을 한치의 오차없이 만들어 드립니다.

시집, 소설집, 수필집, 시화집, 경제·경영처세술
개인회고록, 사보, 카탈로그, 홍보자료에 필요한 모든 인쇄물

www.moabooks.com

411-817 경기도 고양시 일산구 백석동 1332-1 레이크하임 404호
대표전화_0505-6279-784 FAX_0502-7017-017